Mare

Geschenkt von meiner Mutter zu Weihnachten 1988

hänssler

Bärbel Raichle

Silke bleibt im Sattel

hänssler
Neuhausen-Stuttgart

CIP-Kurztitelaufnahme der Deutschen Bibliothek

Raichle, Bärbel:
Silke bleibt im Sattel / Bärbel Raichle. –
Neuhausen-Stuttgart: Hänssler, 1987. – 128 S.
(Edition C: K, Bücher für junge Leute; 13)
ISBN 3-7751-1165-4
NE: Edition C / K

EDITION C-Bücher
EDITION C-Bücher für junge Leute, K 13
Bestell-Nr. 56 113

Umschlaggestaltung: Wolfram Heidenreich
Gesamtherstellung: Ebner Ulm

Inhaltsverzeichnis

So geht das nicht weiter!

Die Worte ihres Vaters klangen der sechzehnjährigen Silke wie Musik in den Ohren. Am Morgen beim Frühstück hatte er verkündet, daß er in den Sommerferien ein Reitlager für Jugendliche veranstalten wolle. »Ich sehe nicht ein, daß in meinem Stall Pferde stehen, auf denen kaum geritten wird!« sagte Herr Müller. »Es wird Zeit, daß diese Tiere endlich einmal etwas arbeiten! Sie verschlingen sonst mehr Geld als sie einbringen!«

Zuversichtlich schaute Silke nun dem Sommer entgegen und zählte die Tage bis zu den Ferien. Sooft sie frei hatte, nützte sie das nun schon wärmer werdende Wetter und sattelte ihre Schimmelstute Paloma Blanca zum Ausritt. Gemeinsam mit ihren Eltern und Geschwistern bewohnte Silke das Landgut Wiesengrund, ein Gestüt, das etwa drei Kilometer von der Gemeinde Moordorf entfernt lag. Auf den riesigen Koppeln tummelte sich eine Menge prächtiger Pferde, Stuten mit ihren Fohlen, übermütige, temperamentvolle Tiere. Fast alle waren Schimmel. Das Gestüt gehörte Silkes Vater. Von klein auf waren die vier Kinder mit Pferden vertraut und deshalb auch sehr gute Reiter. Der achtzehnjährige Hans, Silke und ihre beiden jüngeren Schwestern Susi und Kathrine besaßen eigene Pferde. Außer den Müllers lebten noch drei Angestellte, die ungleichen Zwillingsbrüder Gustav und Christian Schmitt sowie die neunzehnjährige Italienerin Melanie Caletti auf Wiesengrund.

Aus den geöffneten Verschlägen des großen Pferdestalles schauten einige Pferde neugierig heraus. Fröhlich pfeifend lehnte Silke nach der Schule ihr Fahrrad an die Stallwand und schob einem wunderschönen Schimmel ein Stück altes Brot ins Maul. Gierig verschlang das Pferd den Leckerbissen und klopfte heftig mit dem Huf gegen die Boxenwand. »Ich komme gleich zu dir, Paloma, dann gibt's mehr!« versprach Silke, während sie das Pferd liebkoste. Gleich nach dem Essen zog sie ihre Stallkleidung an. Gemeinsam mit ihren beiden Schwestern lief sie zum Stall. Fünf prächtige Schimmel, ein Haflinger und zwei ältere braune Stuten warteten auf die tägliche Reinigung. Rasch holten die Mädchen das Putzzeug und betraten das längliche Stallgebäude. Stolz und erhaben stand Montblanc, Vaters Lieblingspferd, in seiner Box. Er begrüßte die Mädchen mit hellem Wiehern. Er war das beste Stück im Stall und gehörte zu Silkes Pflegepferden. Paloma war seine Mutter. Mit Striegel und Bürste machte sich Silke an die Arbeit. Bettelnd durchsuchte der fünfjährige Hengst Silkes Taschen. »Laß das, Montblanc!« wehrte Silke ab. »Zu viel Naschen ist nicht gut für dich! Du wirst sonst zu dick und bekommst schlechte Zähne! Was würde Vater dazu sagen?« »An die Decke würde er gehen!« meinte die dreizehnjährige Susi, die ihren Schimmelwallach Schneesturm bearbeitete. »Schade, daß er ihn nicht im Reitlager einsetzen will! Ich würde zu gerne wissen, wie die blöde Dani mit dem Hengst zurechtkommen würde!« Silke und die elfjährige Kathrine lachten. Sie kannten Susis Abneigung gegen das eingebildete Mädchen aus Moordorf, das sich gleich als erste zu dem Reitlager angemeldet hatte. Susi ging mit ihr in eine Klasse und hatte sich noch nie mit ihr verstanden. »Ich sehe gar nicht ein, daß sie eines unserer Pferde bekommen soll!« sagte Kathrine. »Sie soll auf ihrem Pony reiten! Meinen Vinila bekommt die dumme Pute jedenfalls nicht!« »Hoffentlich melden sich noch mehr Gäste mit eigenen Pferden an!« meinte Silke, als ihr Blick auf die übrigen Boxen fiel. »Ich möchte meine Paloma nicht unbedingt mit jemandem teilen!«

Vor der Tür traf Silke Melanie Caletti, kurz Melli genannt, die gerade ihre nervöse Rappstute Paradeia striegelte. Das Pferd legte immer wieder die Ohren zurück und versuchte, nach Melli zu schnappen. Nie wollte sie ruhig stehenbleiben. »Hallo Melli! Bereitest du Paradeia etwa für das Reitlager vor?« fragte Silke spöttisch. Melli lachte. »Das würde ein Spektakel geben! Wenn wir sie einem der fremden Mädchen überlassen würden, müßten wir hier bald eine Zweigstelle des Krankenhauses einrichten!« »Da kannst du recht haben!« Mit Leckerbissen aus ihren Taschen verwöhnte Silke die Pferde der Angestellten aus dem Nebengebäude. »Eines finde ich schade«, meinte sie nachdenklich, »es haben sich bis jetzt nur Mädchen angemeldet!« »Aber Silke! Machst du dir etwa Hoffnungen, im Lager den Jungen deiner Träume kennenzulernen?« fragte Melli mit vielsagendem Blick. Silke zuckte grinsend mit den Schultern. »Durchaus möglich! Man kann ja nie wissen!«

Bereits nach ein paar Tagen erlebte Silke eine große Überraschung. Mit der Post war der Anmeldebrief eines Ketteracher Jungen mit eigenem Pferd gekommen. Diese Neuigkeit mußte sie sofort ihrer Freundin Heidi vom Buchenhof mitteilen. Da Paloma an diesem Tag noch nicht bewegt worden war, beschloß Silke, zum Buchenhof zu reiten. Zunächst ließ sie ihr Pferd einige Zeit Schritt gehen. Paloma schnaubte und genoß es, am langen Zügel eifrig vorwärts zu schreiten. Am Waldrand trabte Silke an und ritt auf dem weichen Waldweg zum Buchenhof. Bald schon erschien zwischen den Bäumen ein kleiner See und das Hofgebäude. Ach, da war ja Heidi! Vor dem Stall sattelte sie gerade ihren Fuchswallach Tristan. »Tag, Heidi! Gut, daß ich dich noch erwische!« rief Silke. »Ich muß unbedingt meine Neuigkeiten loswerden!« »Ich auch!« erwiderte Heidi geheimnisvoll. »Aber dazu müssen wir erst ein Stück reiten!« »Wohin denn?« fragte Silke gespannt. »Durchs Moor zum Birkenhof!« verriet Heidi. »Wie ich gehört habe, soll dort vor ein paar Tagen ein Professor mit seiner Familie eingezogen sein! Soviel ich weiß, ist es ein Vogelkundler, der Siegler heißt!« »Na, dann nichts wie hin!«

Im Schritt durchquerten die beiden Reiterinnen auf dem vorgezeichneten Trampelpfad das nicht ganz ungefährliche Birkenmoor. In der Nähe des uralten, halbzerfallenen Hofes machten sie halt, um mit dem Fernglas alles Verdächtige zu beobachten. Der Hof schien wie ausgestorben zu sein. Lange hatte dort niemand mehr gewohnt. In so mancher Geschichte erzählte man sich, es würde dort spuken. »Ach komm, reiten wir mal rüber!« sagte Silke. »Ich glaube nicht, daß jemand da ist.« Heidi jedoch hatte etwas entdeckt und legte den Zeigefinger an den Mund. Im Herankommen sahen sie, wie sich die schwere Holztür am Eingang öffnete, und ein hübsches, etwa fünfzehnjähriges Mädchen herauskam. Es hatte seidiges, hellblondes Haar, das ihm bis zu den Schultern reichte, und rote Wangen.

»Hallo! Bist du unsere neue Nachbarin?« fragte Silke, worauf das Mädchen überrascht zu den Reiterinnen aufblickte. »Ja, ich bin Isabelle Siegler! Seid ihr von einem der anderen Höfe hier in der Gegend?« »Ja, ich bin Silke Müller vom Wiesengrund, und das ist Heidi Hummel vom Buchenhof.«

»Habt ihr aber schöne Pferde!« Isabelle trat zögernd näher. »Du brauchst keine Angst zu haben!« sagte Heidi. »Die sind lammfromm!« Zärtlich streichelte Isabelle die beiden Pferde. »Ich bin noch nie geritten!« sagte sie verschämt. »Dabei würde ich es so gerne auch lernen. Wir kommen aus der Stadt, und da hatten wir zum Reiten keine Gelegenheit!« »Da läßt sich abhelfen, Isabelle!« Silke stieg ab. »Willst du einmal aufsitzen? Paloma ist ganz brav. Ich werde sie führen, dann geht sie ganz ruhig im Schritt!« Unsicher schaute Isabelle von einem zum anderen. Freundlich kam ihr Silke entgegen. »Glaub mir, Isabelle, Paloma ist wirklich brav. Ich helfe dir hinauf!« Isabelle gab sich einen Ruck und ließ sich von Silke in den Sattel heben. »Ist das aber ein großes Pferd!« »Komm, halt dich da am Sattel fest, dann geht's los!« Silke führte ihre Schimmelstute auf dem Hof hin und her. Strahlend saß die kleine Isabelle im Sattel. »Ist das schön! Ich würde so gern richtig reiten lernen!« Silke half Isabelle wieder aus dem Sattel. »Weißt du was, Isabelle, wenn du möchtest, kannst du ja bei uns auf Wiesengrund das Reiten lernen. Frag doch deine Eltern, ob du bei unserem Reitlager in den Ferien mitmachen darfst!« »Oh, das wäre wundervoll!« Die kleine Isabelle war begeistert. »Meine Eltern haben mir sowieso versprochen, daß ich im Sommer in ein Jugendlager darf! Es wäre sicher lustig, bei euch das Reiten zu lernen! Es ist nur – sind bei euch alle Pferde so riesengroß?« »Nein, nein, natürlich nicht!« Silke lachte. »Klar, wir haben auch noch größere Pferde als Paloma. Aber wenn du möchtest, kannst du meine kleine Gundula haben! Sie ist ein ganz braves Haflingerpferdchen mit einer buschigen Mähne. Ich bin schon als Kind auf ihr geritten und muß sagen, daß sie das sanfteste Pferd der Welt ist! Und weil sie mir gehört, darf ich bestimmen, wer sie bekommt.« »Wirklich?« Isabelle machte große Augen. »Wie gesagt!« Silke lächelte sie freundlich an. Die beiden Freundinnen hatten Isabelle gleich in ihr Herz geschlossen und wünschten ihr viel Erfolg bei ihren Eltern.

»Ach ja, ich hätte da noch eine Frage!« sagte Isabelle plötzlich. »Als wir noch in Plärenau wohnten, bin ich immer in einen christlichen Jugendkreis gegangen. Wißt ihr zufällig, ob es hier in Moordorf auch so eine Gruppe gibt?« Silke und Heidi schauten einander ratlos an. »Bei uns in der katholischen Kirche gibt es, soviel ich weiß, keine Jugendgruppe«, meinte Silke. »Es kann sein, daß es in der evangelischen Kirche einen Jugendkreis gibt, aber für solche Dinge habe ich eigentlich keine Zeit!« Mir hat es im Jugendkreis immer gut gefallen!« verteidigte sich Isabelle. »Wir könnten ja auch gemeinsam hingehen.« »Vielleicht einmal, wenn das Lager vorüber ist!« sagte Silke lächelnd. »Ich werde mich auf jeden Fall erkundigen, ob es so einen Kreis gibt, und es dir ausrichten. Du sagst mir dann dafür, ob du ins Reitlager darfst!« »Ist klar, ich werde gleich heute abend fragen!« Isabelle strahlte, als sie sich von den beiden Mädchen verabschiedete. »Das wird sicher ein tolles Lager!« meinte Heidi. »Wenn noch mehr so nette Leute wie Isabelle kommen, dann wird es echt Spitze!«

Das Pferd, das keiner wollte

Auf Wiesengrund herrschte große Aufregung. In Ketterach fand eine Pferdeauktion statt, auf der Herr Müller für seinen Sohn Hans ein junges Turnierpferd kaufen wollte. Mit gespannter Miene begleiteten Hans, Silke, Susi und Gustav, der Stallknecht, Herrn Müller zur Auktion nach Ketterach. Ein Pferd nach dem andern wurde vorgestellt, aber Herr Müller war von keinem der Tiere besonders beeindruckt. »Den Braunen dort hätte ich sicher genommen!« meinte Hans, als ein prächtiger brauner Wallach den Besitzer wechselte. Silke wurde ganz aufgeregt, als ein Rappe mit Blesse angeboten wurde. »Vater, nimm doch diesen! Der ist so schön!« Herr Müller schüttelte den Kopf. »Mit den Beinen geht der nicht mehr lange!«

Immer mehr Pferde wurden versteigert. Herr Müller meinte bereits, es sei keines nach seinem Geschmack dabei, und wollte schon gehen, als plötzlich ein rassiger Grauschimmel hereingeführt wurde. Die stolze Haltung und die anmutigen Bewegungen des Tieres hatten es ihm angetan. Hans nickte seinem Vater begeistert zu, als er aufstand, um mitzusteigern. »Der muß unbedingt her!« sagte Gusti, der ebenfalls ein guter Pferdekenner war. Obwohl der Preis immer mehr in die Höhe kletterte, ließ Herr Müller nicht locker. Als er den Zuschlag erhielt, jubelte Hans auf. »Vater, wenn das mein Pferd wird, dann werde ich mindestens doppelt so viel arbeiten wie bisher! Bestimmt, ich zahl' dir die Mehrkosten zurück!«

Herr Müller schmunzelte und deutete seinem Sohn mit einer Handbewegung an, daß dieses nun sein Pferd sei. Überschäumend vor Freude verließ Hans seinen Zuschauerplatz, um sich gleich Albatros, seinem neuen Prachtpferd, zu widmen.

Schwatzend machten sich am Ende der Auktion die anderen vom Wiesengrund auf den Weg zu ihrem Pferdetransporter.

Silke und ihr Vater waren mitten ins Gespräch vertieft, als sich plötzlich ein älterer untersetzter Herr mit faltigem Gesicht, grauem Backenbart und einem hohen Zylinder auf dem Kopf zu ihnen gesellte. »Herr Müller, Sie haben gekauft meine Pferd! Ich Ihnen sagen, ganz wunderbare Pferd, Mutter Araber und gute Zirkuspferd in große Nummer! Ich nicht gerne hergeben meine Albatros, er gute Freund. Aber Zirkus kaputtgegangen, nix mehr Geld, ganz vorbei und ich ganz traurig!« Dem Mann kamen fast die Tränen. Herrn Müller tat der alte Herr in seinem zerschlissenen Direktorenanzug leid. »Haben Sie keine Möglichkeit, bei einem anderen Zirkus wieder einzusteigen?« »Doch!« Das Gesicht des Zirkusmannes hellte sich auf. »Familie und ich große Jongleur und Dompteur von Pferde, nun aber verloren alle Tiere zum Bezahlen von Schulden. Ich nur noch haben eine Pferd und diese bald sterben. Sie nichts mehr fressen und ganz traurig. Seit weg von Zirkus, Pferd wollen sterben. Sie so schöne Pferd, so lieb und treu, aber hier niemand sie wollen kaufen, weil so traurig. Wenn sie können bleiben bei Albatros, dann wieder werden froh und lebendig. Sie nix können leben ohne Albatros, sie seine Mutter!«

»Dann ist das Pferd, von dem Sie reden, ein Araber?« fragte Herr Müller interessiert. »Ja! Wunderschöne Araber! Ganz brave Grauschimmel, viel zu schade zum Schlachten!« Herr Müller warf seinem Knecht einen fragenden Blick zu, worauf dieser mit den Schultern zuckte. »Muß ich übersehen haben!« »Na schön, dann zeigen Sie mir einmal Ihr Wunderpferd. Vielleicht läßt sich noch über einen Preis reden!« Die Worte Anton Müllers brachten Hoffnung in den Zirkusmann. »Ja, Sie recht haben! Wunderpferd! Miranda, das Wunderpferd! So sie auch immer ist gelaufen in Zirkusnummer!« Der alte Mann humpelte so schnell er konnte zu seinem vergammelten, halbzerfallenen Zirkuswagen zurück, vor dem eine entsetzlich heruntergekommene Grauschimmelstute stand, die traurig den Kopf senkte und beim leisesten Geräusch ängstlich zusammenzuckte. Gustav schlug beim Anblick des Pferdes die Hände über dem Kopf zusammen. »Was, dieses Tier wollen Sie kaufen, Herr Müller? Die Stute ist doch krank und total verkommen!« Hans, Silke und Susi waren von dem Pferd auch nicht gerade angetan, als es in stolperndem Schritt mit zitternden Beinen hinter dem Mann herschlich. Schließlich stand der Zirkusdirektor mit seiner Stute vor den Müllers. Liebevoll legte er den Arm um den Kopf des Pferdes. »Miranda, mein Mädchen, jetzt zeig doch mal, was für ein hübsches Tier du bist!«

Die Grauschimmelstute hob den Kopf, schüttelte eine lange, seidig glänzende Stirnlocke aus dem Gesicht und schaute die Leute vom Wiesengrund mit ihren dunklen, von langen schwarzen Wimpern eingerahmten Augen treuherzig an. In ihrem Gesicht wurde eine herrliche Zeichnung aus schwarzen, grauen und weißen Haaren sichtbar. Miranda spitzte die dunklen Ohren und schaute neugierig zu dem Pferdetransporter hinüber, in welchen Hans soeben Albatros verladen hatte. Leise wieherte sie und scharrte mit den Hufen. In ihren verträumten Augen lag etwas wie Sehnsucht, Fernweh und Angst vor einer ungewissen Zukunft. Als Hans den Pferdetransporter verschlossen hatte, schüttelte Miranda ihre lange, glänzende Mähne und senkte wieder traurig und wehmütig den Kopf. Dieser Blick! Silke war von dem Tier plötzlich ganz hingerissen. Schnell kramte sie ein Stück Zucker aus der Tasche und hielt es Miranda hin. Die Stute nahm es jedoch nicht, sondern wandte den Kopf ab und schaute ihren Besitzer an. »Arme Miranda!« Silke versuchte, sie zu streicheln, worauf das Tier zusammenzuckte und einen Schritt zurücksprang. »Nein, also es tut mir leid, aber wir können Miranda nicht gebrauchen!« sagte Anton Müller und drängte zum Aufbruch. »Wir brauchen gute Reitpferde, keine kopfscheuen Tiere!« »Oh, Miranda nicht kopfscheu, nur ganz sensibel, braucht liebe Menschen, die sie mögen. Dann sie ist beste Pferd der Welt, ich sagen: Wunderpferd!« Der alte Mann flehte Herrn Müller an und hielt ihm die Zügel hin. »Miranda fast geschenkt! Nehmen Sie doch!« Susi und Silke schauten einander an. »Vater! Nimm sie doch! Vielleicht hat er recht!« »Nein, kommt nicht in

Frage!« Hastig wandte sich Herr Müller nochmals an den Mann. »Es tut mir leid, aber sicher finden Sie noch einen Käufer. Auf Wiedersehen!«

Hans und Gustav waren längst mit dem Pferdetransporter losgefahren, als sich Herr Müller und seine Töchter ebenfalls auf den Heimweg begaben. Vom Auto aus wagte Silke nochmals einen Blick zurück und sah, wie der alte Mann weinend den Hals seiner Grauschimmelstute umklammerte und ganz verzweifelt schien. »Hätten wir sie doch genommen!« dachte Silke und überlegte, wie sie ihren Vater zur Umkehr bringen könnte. Plötzlich kam ihr eine Idee. »Vater, ich glaube, ich habe dort unten bei den Pferdehängern meinen Ohrring verloren! Ich weiß noch, da hat es mich plötzlich gejuckt, und da muß er herausgefallen sein. Bitte dreh noch mal um! Die Ohrringe habe ich doch von Tante Agathe zur Kommunion bekommen! Ich muß ihn unbedingt wiederfinden!« Der Vater wendete den Wagen und fuhr zurück. »Könntest du in Zukunft nicht besser auf deine Sachen aufpassen?« Er ahnte nicht, daß der Ohrring sicher in Silkes Tasche lag.

Als die Müllers den Wagen verließen, kam auch gleich wieder der alte Zirkusmann auf sie zu. »Oh, wunderbar, daß Sie sich anders überlegen! Sie gute Mann mit viel Herz und Erbarmen mit alte Zirkusartist! Sie nehmen Miranda und sein gut zu ihr!« Damit hatte Anton Müller nun wahrhaftig nicht gerechnet. Er wollte schon etwas entgegnen, doch da fiel sein Blick auf das hoffnungsvolle Gesicht des Zirkusdirektors, der ihm zitternd die Hand entgegenstreckte. Herr Müller zögerte noch, musterte noch einmal die als Wunderpferd angepriesene Stute und besiegelte dann den Kauf mit einem Handschlag. Der alte Mann war gerührt, als ihm Herr Müller einen Scheck in die Hand drückte. Das Mitleid hatte gesiegt, so daß er sogar bereit war, einiges mehr zu bezahlen, als das Tier anscheinend wert war. Glücklich verabschiedete sich der Zirkusdirektor von Miranda und summte ihr zum Abschied ein leises Lied ins Ohr.

Susi und Silke, die den Vorgang mit Spannung beobachtet hatten, strahlten einander an. Silke fiel ein Stein vom Herzen.

»Hurra! Ich habe den Ohrring gefunden!« Jubelnd kehrten die beiden Mädchen zu ihrem Vater zurück.

Zu Hause mußten die Müllers jedoch einiges an Enttäuschungen erleben. Das »Wunderpferd« erwies sich als ein überaus schreckhaftes und störrisches Tier. Jedes Geräusch versetzte Miranda in Panik. Unter dem Sattel bockte sie wie ein alter Esel und sträubte sich gegen jegliche Hilfe des Reiters. Außer mit Albatros vertrug sie sich mit keinem der Wiesengrundpferde. Als Silke die zauberhafte Märchenfee einmal dabei erwischte, wie sie auf der Koppel nach ihrer geliebten Paloma ausschlug und sie biß, bekam sie einen Haß auf das sogenannte Wunderpferd, und es reute sie, daß sie sich so für Miranda eingesetzt hatte.

Der Mann mit dem Sportwagen

Die Ferien rückten immer näher. Da die Zeugnisse schon längst geschrieben waren, mußte sich Silke nun nicht mehr so viel der Schule widmen und konnte ihre freie Zeit zum Reiten verwenden. Gerade hatte sie draußen vor der kleinen Koppel ihrer Paloma den Sattel aufgeschnallt und nahm der artigen Schimmelstute das Stallhalfter ab, um ihr Trense und Zaumzeug anzulegen, als ein gelber Sportwagen im Blitztempo um die Ecke bog, sehr knapp am Zaun vorbeirauschte, fast noch Silkes Füße mitnahm und um Haaresbreite genau vor dem Scheunentor zum Stehen kam. Das Pferd sprang erschrocken zur Seite und stürmte völlig aufgescheucht davon. Dabei schlug es in seiner Angst den Weg zu dem kleinen Holzschuppen vor dem Nebengebäude ein, in dem die Pferde der Angestellten untergebracht waren. Dort stand die unberechenbare Paradeia gesattelt vor dem Stall, an einem Balken notdürftig festgebunden. Paradeia, die keine Schimmel ausstehen konnte, zog mit aller Kraft an dem zerschlissenen Halfterstrick, bis er riß. Wütend jagte sie der durchgedrehten Paloma hinterher.

»Das haben Sie aber großartig hingekriegt!« sagte Silke ungehalten zu dem mürrischen Mann, der sich mühsam aus seinem niedrigen, schnittigen Wagen herausschälte. Sie mußte lachen, als sie sah, wie sich der Mann vor ihren Augen auf seine zwei Meter Länge entfaltete. Das Auto war offensichtlich eine Nummer zu klein für ihn. Der hagere Kerl wirkte ziemlich ungepflegt. Sein blondes Haar hing ihm in langen, wirren Strähnen ins Gesicht und bedeckte fast seine Augen. Von seinem Gesicht war sowieso nicht viel zu sehen, da sein ungestutzter verfilzter Bart nach allen Seiten drahtig abstand. Seine Kleidung wies ihn als Individualisten aus. Die Farbpalette ging von rosa bis violett. Über seine Lippen kam kein Gruß, sondern nur ein mißmutiges Knurren. »Ist das der Müllerhof?«

»Nein, da müssen Sie sich irren! Ich heiße zwar zufällig Müller, aber unser Hof trägt den schönen Namen ›Landgut Wiesengrund‹!« Silke machte es Spaß, sich über den seltsamen Kauz lustig zu machen. »Wo ist dieser Anton Müller?« fragte der Mann herrisch. Der drohende Ausdruck seiner Augen ließ Silke zurückfahren. Was wollte er nur von ihrem Vater? Zögernd antwortete sie: »Er ist drinnen im Büro!« Ohne ein Wort des Dankes und ohne anzuklopfen eilte der Mann in das Gebäude und betrat das Büro, wo Silkes Vater am Schreibtisch arbeitete. Silke folgte ihm neugierig.

»Ich möchte meinen Sohn zu diesem Reitlager anmelden!« knurrte der Riese, ohne sich vorzustellen oder zu grüßen. Herr Müller erschrak über den plötzlichen Überfall. Er versuchte, so freundlich und sachlich wie möglich zu sein, obwohl er sich innerlich über die unhöfliche Art des Mannes aufregte. »Es tut mir ja schrecklich leid, Herr – äh – äh...« »Randolph!« antwortete der seltsame Kerl und richtete sich würdevoll auf. »Igor Randolph ist mein Name. Ich bin der bekannte Konzertpianist aus Ketterach. Sicherlich haben Sie schon von mir und meinem Sohn gehört, von Camillo, dem Wunderkind mit der Geige!« Der mürrische Ausdruck verschwand aus Herrn Randolphs Gesicht. Man konnte ihm ansehen, wie stolz er auf seinen Sohn war. Eigentlich hatte ihm Herr Müller sofort absagen wollen, da das Lager bereits voll besetzt war. Der berühmte Name Randolph weckte jedoch sein Interesse. »Erzählen Sie mir doch bitte ein wenig von Camillo, Herr Randolph. Ich möchte wissen, was für Leute zu mir zum Reiten kommen. Außerdem muß ich ihm ein passendes Pferd aussuchen!«

Herrn Randolphs Miene hellte sich auf. »Camillo ist mein einziger Sohn. Er ist sechzehn Jahre alt und ein sehr zartes und sensibles Kind. Von klein auf spielt er schon Klavier und Violine. Inzwischen ist er schon ein echter Virtuose auf der Geige und gibt eigene Konzerte. Da er täglich vier bis sechs Stunden zum Üben braucht, wird er nicht sehr oft Zeit zum Reiten haben. Er wünscht sich aber so sehr, mit Reitern und

Pferden die Ferien zu verbringen, daß ich es ihm diesmal erlauben möchte! Was noch ganz wichtig ist: Er braucht unbedingt ein Einzelzimmer! Er könnte niemals mit anderen zusammen ein Zimmer teilen, schon wegen des Übens! Außerdem hat er einen sehr unruhigen Schlaf und würde bei der leisesten Störung aufwachen. Und dann muß er sich auf jeden Fall sein Pferd selbst aussuchen! Er ist so feinfühlig und sensibel, daß er das richtige Pferd am besten selbst findet.Sie müssen auch immer sehr sanft und liebevoll mit ihm umgehen. Er ist schließlich ein Künstler und ein Wunderkind!« Herrn Randophs Gesicht hatte sich während seiner Rede total verändert. Mit verträumten Augen schaute er den Chef des Wiesengrundes an, dem bei dem Redeschwall immer mehr Bedenken gekommen waren. »Das kann ja heiter werden!« dachte er. Sicher handelte es sich bei dem Jungen um ein total verwöhntes und verzogenes Wesen, das womöglich auch noch frech und vorlaut war.

Seufzend runzelte er die Stirn. »Da muß ich mir leider noch einiges überlegen, Herr Randolph! Wir haben zur Zeit alle Pferde besetzt. Es gäbe nur noch die Möglichkeit, daß eines meiner Kinder sein Pferd abgibt und nicht am Lager teilnimmt!« »Oh, das brauchen Sie nicht, Herr Müller! Camillo kann auch mit jemand anderem das Pferd teilen, weil er so oft üben muß. Ich werde trotzdem den vollen Preis für ihn bezahlen!« Diese Worte ließen Herrn Müller aufhorchen. »Gut, Herr Randolph, wenn nichts dazwischenkommt, kann Ihr Sohn am Lager teilnehmen. Schicken Sie ihn doch gelegentlich vorbei, damit wir das mit dem Pferd klären können!« »Herr Müller, Sie werden wieder von mir hören!« Der Pianist verabschiedete sich und ging. Anton Müller brummte der Schädel. »Wunderkind, Einzelkind, aus Ketterach, empfindlich, anspruchsvoll und dann noch sehr sensibel! Also, der paßt nicht in unser Reitlager!« Er wollte dem Pianisten noch nachschauen, doch der Sportwagen war längst verschwunden.

Ein rätselhafter Junge

Pferde können einem wirklich Sorgen machen! Schon seit Tagen verweigerte die graue Miranda fast jedes Futter und stand traurig und teilnahmslos auf der Koppel. »Dabei ist sie kerngesund!« stellte der Tierarzt nach eingehender Untersuchung fest. »Sie scheint Heimweh zu haben! Soll bei Pferden manchmal vorkommen!« »Hat es dann überhaupt noch einen Sinn, sie zu behalten?« fragte Herr Müller resigniert. »Ich würde abwarten!« riet der Tierarzt. »Für den Abdecker ist sie eigentlich noch zu schade. Vielleicht packt sie's wieder!«

Silke und Melli, die Italienerin, hatten ebenfalls Kummer mit ihren Pferden. Der Ausriß der beiden Stuten Paloma und Paradeia war nicht ohne tätliche Auseinandersetzung abgegangen. So mancher Biß mußte noch gepflegt und einige Schrammen ausgeheilt werden. Als Melli gerade wieder ihre tägliche Arbeit im Stall verrichtete, traf sie Silke bei ihrer Schimmelstute. »Na, wie geht es Paloma?« fragte Melli und schob das Gitter der Box ein wenig zur Seite, um eintreten zu können. Carachino, der große schwarze Schäferhund, der Gusti gehörte, wich Melli schon den ganzen Nachmittag nicht von der Seite, da Gusti mit seinem Bruder Chris fortgefahren war. Schnell zwängte er sich neben Melli durch die geöffnete Tür, um Paloma und Silke zu begrüßen. Neugierig streckte Paloma den Kopf zu ihm hinab und ließ sich geduldig beschnuppern. »Es geht ihr täglich besser!« meinte Silke. »Ihr Aussehen läßt zwar noch zu wünschen übrig, aber das bekommen wir auch noch hin. Schau mal, wie die beiden miteinander spielen! Die verstehen sich wenigstens.« »Wer kann sich auch mit Chino nicht gut verstehen?« Melli bückte sich und kraulte das große Tier, das sich vor ihr im Stroh wälzte und spielerisch nach ihrer Hand schnappte.

Plötzlich ließ der Hund jedoch von Melli ab, sprang auf,

spitzte die Ohren und streckte witternd die Nase durch die geöffnete Boxentür. Wie der Blitz sauste er hinaus und verließ bellend den Stall. »Ist Gusti schon zurückgekommen?« fragte Silke verwundert, doch Melli schüttelte den Kopf, denn der Hund führte sich ganz und gar nicht so auf, als würde er seinen Freund begrüßen. Chino bellte, knurrte und fletschte böse die Zähne. Melli erschrak. »Da muß ich schnell nachsehen, nicht, daß er etwas anstellt!« Die beiden Mädchen verließen Palomas Box und eilten vorsichtshalber dem wütenden Hund hinterher. »Sicherlich der garstige Rennfahrer!« meinte Silke. Als sie die Einfahrt erreichten, bestätigte sich ihr Verdacht. Vorne an der Kreuzung konnten sie gerade noch den gelben Sportwagen erkennen, wie er im Eiltempo um die Ecke verschwand. Immer noch stand Carachino böse knurrend mit gesträubtem Nackenhaar am Eingangstor. »Ruhig, Chino, ist doch alles in Ordnung!« Langsam näherte sich Melli dem aufgeregten Hund. Er ließ aber keine Ruhe, sondern starrte aufmerksam zwischen den Gitterstäben hindurch. »Was hat er nur?« fragte Silke und ging, während Melli den Hund vorsichtshalber an die Leine nahm, auf das Tor zu.

Dort erkannte sie gleich den Grund für Chinos Unruhe. Vor dem Tor stand ein schlanker, hochgewachsener Junge, der verschreckt auf den wütenden Schäferhund starrte. Silke öffnete das Tor und ließ den Jungen eintreten. »Hallo, ich heiße Silke! Du kannst ruhig hereinkommen. Chino beißt nicht. Er macht nur immer so ein Theater!« Zögernd trat der Junge näher und vergewisserte sich, ob der Hund inzwischen angebunden war. Seine großen schwarzen Augen ruhten auf dem blonden Mädchen. »Guten Tag! Bin ich hier richtig auf dem Wiesengrund?« Mit verträumtem Blick sah er sich um und entdeckte einige Pferde, die auf der Koppel neben dem Haus grasten. »Ja, das bist du! Grüß dich! Bist du ein Teilnehmer des Reitlagers?« Der Junge strahlte. »Ja, mein Vater hat mich angemeldet. Ich freue mich schon so auf das Lager! Sag mal, sind das alles eure Pferde?« Entzückt überblickte er das Hofgelände. In seinen Augen lag ein rätselhafter, sehnsüchtiger Ausdruck. Silke war so fasziniert von dem Anblick des Jungens, daß sie ganz vergaß, auf seine Frage zu antworten. Er hatte ein schmales, blasses Gesicht, aus dem die dunklen Augen überaus deutlich hervortraten. Umgeben von langen schwarzen Wimpern verliehen sie ihm einen melancholischen, sanften Blick. Seine matt glänzenden silbergrauen Haare bedeckten seine Ohren und reichten ihm fast bis zum Kragen seines weiten buntbestickten Baumwollhemdes. Das lange Hemd trug er lose, so daß daraus zwei lange, schlanke Beine in engen Jeans herausragten. Langsam ging der Junge zur Koppel hinüber, in der sich zwei Stuten mit ihren Fohlen aufhielten. Silke konnte ihren Blick nicht mehr von ihm abwenden. Irgendwo hatte sie solche Augen schon einmal gesehen, konnte sich aber im Moment nicht erinnern.

»Nicht wahr, da staunst du! Wir haben zehn eigene Reitpferde und ein Pensionspferd. Die vier großen Pferde im Stall des Nebengebäudes gehören unseren Angestellten. Außerdem hast du sicher auf der Fahrt hierher unsere Koppeln gesehen, auf denen die Zuchtstuten, Fohlen und Jungpferde untergebracht sind!« Der Junge nickte, lehnte sich an den Koppelzaun und schaute den grasenden Stuten zu, die stets von ihren übermütig herumspringenden Fohlen umgeben waren. »Einfach herrlich hier! Ich hätte so gerne auch ein eigenes Pferd, aber mein Vater meint, daß ich für ein Pferd zu wenig Zeit aufbringen könnte. Ich muß immer so viel üben!« Er strahlte Silke an. »Mit dir würde ich sofort tauschen!« Silke wurde es ganz warm, als der Junge sie anschaute. »Sag mal, bist du eigentlich Camillo Randolph, der Musiker aus Ketterach?« Der Junge wurde rot und schaute einen Moment verlegen zur Seite, worauf er Silke wieder in die Augen blickte und lächelte. »Ja, ich bin Camillo. Wer hat dir denn das mit dem Musiker aufgehängt? War das etwa mein Vater? Sicher hat er dann auch gleich wieder mit dem blöden ›Wunderkind‹ angefangen. Ich bin doch kein Kind mehr!« Beide fingen an zu lachen, denn der Junge überragte Silke um einen ganzen Kopf. »Also, wenn du ein Kind bist, Camillo, dann bin ich ein Baby!« Im Moment kam sich Silke sowieso wie ein kleines Mädchen vor und schämte sich ein wenig in ihren schmutzigen Reitsachen. Ihre langen, lockigen Haare hatte sie aus praktischen Gründen zu einem strengen Zopf geflochten, der durch die Arbeit im Stall schon total zerrupft war. Am liebsten wäre sie auf der Stelle verschwunden und hätte sich für den netten Jungen hübsch gemacht. Sie ließ es aber bleiben, denn sie wollte so lange wie möglich mit ihm zusammensein.

»Wie alt bist du, Camillo?« »An Neujahr bin ich sechzehn geworden!« »Dann bist du ja nur zehn Tage älter als ich!« stellte Silke fest. »In welche Schule gehst du in Ketterach? Ich bin jetzt mit der zehnten Klasse im Moorgymnasium fertig!« »Ja, das ist so eine Sache!« Camillo schaute zu Boden und scharrte mit den Füßen im Kies. »Weißt du, ich – ich gehe überhaupt nicht zur Schule!« »Was? Bist du etwa noch nie zur Schule gegangen?« »Nein, ich hatte immer einen Privatlehrer!« antwortete Camillo. »Sicher kannst du dir vorstellen, wie langweilig das auf die Dauer ist!« »Aber warum darfst du nicht zur Schule?« fragte Silke verständnislos. »Ach, das hat verschiedene Gründe. Einmal ist es das Klavier, dann wieder die Geige und dann noch ...« Abrupt unterbrach Camillo seine Rede und wandte sein Gesicht von Silke ab. Irgendwie führte er einen inneren Kampf aus, da er ständig auf seinen Lippen herumbiß. »Ist doch auch egal, Camillo!« Silke faßte ihn am Arm, worauf er zusammenzuckte. Camillo mußte unbedingt ins Reitlager kommen, selbst wenn er sich Paloma aussuchen würde. »Komm, jetzt gehen wir zu den Pferden! Du darfst dir doch eines aussuchen! Das ist nicht jedermanns Vorrecht!« »Wieso darf ich das dann gerade?« fragte Camillo erstaunt. »Hat das mit meinem Vater zu tun?« »Ach Quatsch«, meinte Silke, die eine Chance witterte, ihn besonders zu erfreuen. »Das hat damit zu tun, daß du so nett bist! Deshalb erteile ich dir eine Sondererlaubnis.« Camillo lächelte sie an. »Das ist wirklich lieb von dir, Silke. Aber weißt du was? Am besten nehme ich dich zur Auswahl mit, weil du die Tücken dieser Rösser besser kennst als ich!«

Diesen Wunsch erfüllte ihm Silke nur zu gern. Gemeinsam betraten sie den großen Stall hinter dem prächtigen Kastanienbaum. »Das ist aber ein herrliches Tier!« rief Camillo entzückt, als er vor Montblanc stand.

»Ja, Montblanc ist der Star unseres Stalles! Leider gehört er nicht zu den Pferden für das Reitlager, sonst würde ich ihn dir gleich geben!« Silke öffnete mit einem Ruck die Tür, die Montblanc von den anderen Pferden trennte. »Er spielt manchmal verrückt, wenn er die Stuten sieht!« erklärte sie, worauf Camillo verständnisvoll grinste. Als er Paloma Blanca erblickte, stieß er einen Schrei der Begeisterung aus. »Wetten, die gehört dir?« »Woran merkst du das?« Der Junge lächelte. »Das ist ganz einfach. Sie freute sich so, als sie dich sah. Außerdem paßt diese herrliche Stute gut zu dir!« Silke fühlte sich geschmeichelt. »Wenn du Paloma willst, darfst du sie gerne haben. Für dich würde ich schon auf sie verzichten. Einer von uns Müllers wird wahrscheinlich sowieso leer ausgehen, weil wir ein Pferd zu wenig haben!« Camillo drehte sich um und zog Silke am Zopf. »Wenn auch alle deine Geschwister verzichten müßten, du darfst es nicht! Paloma ist dein Pferd! Du brauchst es doch selbst, denn ich will schließlich auch einmal mit dir zusammen ausreiten!« Die beiden gingen von einem Pferd zum anderen, doch Camillo konnte sich nicht entscheiden. Er fragte viel über die Pferde, ihr Temperament und ihre Abstammung, aber keins sagte ihm spontan zu. Silke befürchtete bereits, er würde das passende Pferd nie finden und dann womöglich am Lager überhaupt nicht teilnehmen wollen.

Bedrückt ging sie hinter dem Jungen her, den sie schon richtig gern hatte. Ohne Ergebnis verließen die beiden den Stall und kehrten auf den Hof zurück. Als Carachino Camillo wieder erblickte, wurde er fuchsteufelswild, bellte und zerrte an seiner Kette. Camillo erschrak. »Ist der immer so böse?« »Ach nein, er ist nur so erschrocken, als damals dein Vater so schnell angefahren kam. Rennfahrer kann er nicht ausstehen!« Mit besänftigenden Worten ging Silke auf den Hund zu und beruhigte ihn, indem sie sich neben das langhaarige schwarze

Ungetüm setzte und sein Fell kraulte. »Komm her, Camillo, er tut dir nichts!« Camillo ging langsam auf den Hund zu. Silke hatte Chino die Kette abgenommen und führte ihn am Halsband Camillo entgegen. Immer noch war das Tier in Alarmbereitschaft. Erst als ihm Camillo zum Beschnuppern die Hand hinhielt, merkte Silke, daß sich die Spannung des Hundes löste. Langsam lockerte sie den Griff am Halsband und ließ Chino schließlich frei.Der Hund schnupperte eifrig, fing langsam an, mit dem Schwanz zu wedeln und ließ sich von dem Jungen kraulen und streicheln.

Plötzlich sprang Carachino auf und rannte bellend zur Einfahrt vor, wo soeben die Zwillingsbrüder Gustav und Chris mit dem roten Lieferwagen eintrafen. »Na, die beiden scheint er gut zu kennen!« meinte Camillo und beobachtete grinsend, wie der Hund den Wagen ständig umkreiste. Dabei entdeckte er eine kleine Koppel nahe der Scheune, in der ein völlig abgemagertes Pferd am Boden lag. Camillo schaute Silke bestürzt an. »Was hat dieses Pferd? Ist es schwer krank?« »Ja, es wird wahrscheinlich sterben«, seufzte Silke. »Seit wir es bei der Auktion gekauft haben, hat es kaum etwas gefressen!« »Armes Pferd! Gehen wir doch zu ihm!« Gustav und Chris hatten den Lieferwagen inzwischen vor der Scheune abgestellt und verfolgten Camillo mit neugierigen Blicken. Während der wortkarge Christian in einiger Entfernung stehenblieb, ging Gusti den beiden entgegen und winkte ihnen zu. Spielerisch sprang Carachino an Camillo hoch,so daß dieser fast umfiel. Gusti lachte. »Na, bist du ein neuer Lagerkandidat? Mein Chino mag dich ja bereits, dann kann eigentlich nichts mehr schiefgehen. Ich bin euer Reitlehrer. Gustav Schmitt ist mein Name. Du kannst aber auch Gusti zu mir sagen!« Ein wenig zaghaft reichte Camillo dem kräftigen Mann die Hand. »Ich bin Camillo Randolph und bin gerade dabei, mir ein Pferd auszusuchen!« »So, dann bist du das Wunderkind aus Ketterach?« Gusti musterte ihn mit kritischem Blick. »Ich fürchte, auf dieser Weide wirst du kein passendes Pferd finden! Silke, geh doch mit ihm in den

Stall!« »Da waren wir schon«, antwortete Silke. »Er konnte sich noch nicht entschließen!«

Camillo hatte sich inzwischen dem kranken Pferd in dem kleinen Gehege zugewandt. »Wenn ich dem armen Tier nur helfen könnte! Ich würde es gleich als Reitpferd auswählen!« Er stieg über den Zaun und näherte sich Miranda. »Paß auf, Camillo!« warnte Gusti. »Sie ist sehr nervös und erschrickt leicht!« Camillo schaute kurz zurück, ging aber dann auf das Pferd zu. »Na,du braves Pferdchen? Was fehlt dir denn, mein Mädchen?« Mit gespitzten Ohren schaute Miranda den Jungen neugierig an und erhob sich. Vorsichtig berührte Camillo den wunderschön gezeichneten Pferdekopf. Seltsam, Miranda machte keinerlei Anstalten zu fliehen, als ihr der Junge die lange Stirnlocke aus dem Gesicht strich. Plötzlich zuckte Camillo zusammen, fuhr wieder und wieder mit der Hand über den Hals des Pferdes, packte schließlich zu und drückte Miranda an sich. »Miranda! Miranda, mein Mädchen! Daß ich dich wiedergefunden habe! Komm, sei so gut und friß! Du darfst nicht sterben! Ich bin doch wieder da!« In die Stute kam Leben. Sie wieherte und scharrte mit dem Vorderhuf. Camillo verstand, zog ein paar Leckerbissen aus der Tasche und schob sie dem hungrigen Tier ins Maul. Vorsichtig führte er das Pferd am Halfter zum Futtertrog, wo sich Miranda auch gleich auf den Hafer stürzte.

Vor lauter Überraschung brachten Silke und Gustav kein Wort heraus. Schnell eilte Silke ins Haus, um ihre Eltern zu holen. Herr und Frau Müller folgten ihrer Tochter ungläubig nach draußen, wo Gusti noch immer am Zaun stand. »Sagen Sie, Herr Müller, haben Sie so etwas schon einmal gesehen?« fragte Gusti seinen Chef. »Ausgerechnet dieser neue Lagerkandidat schafft es, unser Sorgenkind zu retten! Herr Müller kratzte sich am Kopf. »Irgend etwas muß dahinterstecken! Was mag dieses Pferd wohl erlebt haben, daß es so getrauert hat? Camillo muß mehr wissen als wir. Hinter Miranda steckt ein Geheimnis!«

Die Sache mit dem Hufkratzer

Anton Müller öffnete das Tor zu Mirandas Koppel und ging leise auf die beiden zu. »Guten Tag, Camillo! Fein, daß du gekommen bist!« Camillo und Miranda, die bisher still und einträchtig neben dem Futtertrog gestanden hatten, zuckten vor Schreck zusammen. Die Grauschimmelstute flüchtete in die hinterste Ecke, während Camillo den Pferdezüchter wie ein ertappter Dieb anstarrte. In der Hand hielt er einen glänzenden Gegenstand, den er schnell in seiner Tasche verschwinden ließ. Herr Müller dachte an die mahnenden Worte Igor Randolphs. »Hab keine Angst, Camillo! Ich bin Silkes Vater und möchte dir herzlich danken. Ich glaube, du hast der armen Miranda das Leben gerettet. Sag mal, kennst du sie schon länger?« »Ja!« Der Körper des Jungen entspannte sich. Seine Augen strahlten geheimnisvoll, während er mit dem Pferdezüchter zum Ausgang der Koppel zurückkehrte. Miranda schaute den beiden nach und kehrte zur Futterkrippe zurück. »Camillo, erzähl uns, woher du Miranda kennst!« bat Silke. »Das ist ziemlich kompliziert!« meinte Camillo und schaute sich um. »Setzen wir uns dort drüben auf die Strohballen? Von dort kann ich Miranda gut beobachten.«

Neugierig setzten sich Silke und Herr Müller zu Camillo. Während sich Chris bereits beim Erscheinen seines Chefs verdrückt hatte, stand Gusti immer noch bei ihnen. Am liebsten wäre er auch dabeigeblieben, aber Herr Müller schickte ihn an seine Arbeit. Nur widerwillig gehorchte er und hatte plötzlich auffallend viel in der Nähe der Strohballen zu tun. Camillo strich sich seine langen grauen Haare aus der Stirn. »Miranda gehörte zum Zirkus Aurora und wurde vom Zirkusdirektor mit der Flasche aufgezogen, weil sie von ihrer Mutter abgelehnt wurde.« »Du bist doch nicht vom Zirkus, daß du das alles so genau weißt, oder?« fragte Herr Müller. »Ach wo!« Camillo lachte. »Bei uns zu Hause kommt man sich zwar auch vor wie im Zirkus, aber unsere Elefanten und Tiger sind Klaviere und Geigen. Nein, vom Zirkus stamme ich nicht ab, aber ich gehe gerne in den Zirkus. Besonders zu diesem Zirkus hatte ich gute Beziehungen, da ein Verwandter meines Vaters dort lange Zeit als Musikclown aufgetreten ist. Wenn wir ihn besuchten, bin ich oft bei den Pferden gewesen. Da sind Miranda und ich Freunde geworden. Und dann, na ja, dann . . .« Camillo unterbrach sich und schaute zu dem Pferd hinüber, das immer noch eifrig fraß. »Was war dann?« fragte Silke brennend vor Neugier. »Dann haben wir einen Sommer gemeinsam verbracht, mit großer Nummer, Musik, Reiten und was eben dazugehört!« Camillo scharrte mit den Füßen am Boden. Anscheinend wollte er nicht mehr weitererzählen. Er bückte sich, rupfte ein paar Grashalme ab, richtete sich plötzlich wieder auf und fragte Herrn Müller erwartungsvoll: »Darf ich diesen Sommer auch mit Miranda verbringen? Mein Vater hat mir keine großen Hoffnungen auf einen Platz im Reitlager gemacht!« »Natürlich, Camillo, das ist doch klar!« Herr Müller wollte Camillo nun auch nicht mehr länger ausfragen und erhob sich. »Wißt ihr was? Ihr sattelt euch jetzt zwei Pferde und startet zu eurem ersten Ausritt!« »Au fein!« Silke sprang auf. »Hast du Lust, Camillo?« »Klar, immer!« Schwatzend machten sich die beiden auf den Weg zum Stall.

Keinem von ihnen war aufgefallen, daß sie die ganze Zeit beobachtet worden waren. Ungeduldig wartete Gusti, dessen flinken kleinen Augen nichts entging, bis die beiden im Stall verschwunden waren. Er schlich zu den Strohballen, zwischen denen ein kleiner silbriger Gegenstand lag. Schnell bückte er sich und hob das Ding auf. Verblüfft betrachtete er das Stück Eisen in seiner Hand. Zunächst dachte er, es sei ein ganz gewöhnlicher Hufkratzer. Doch dann entdeckte er eine sonderbare Inschrift: »Rufe mich an in der Not, so will ich dich erretten, und du sollst mich preisen!« Als die beiden mit gesattelten Pferden aus dem Stall kamen, ging Gusti mit nachdenklicher Miene auf Camillo zu und hielt ihm den

Hufkratzer hin. »Ist das deiner?« »Oh! Ja, danke! Der muß mir herausgefallen sein!« Camillo nahm den Hufkratzer wieder an sich und steckte ihn in die Tasche. Gusti schaute den beiden kopfschüttelnd nach, als sie den Hof verließen.

Überglücklich ritt Silke neben dem rätselhaften Jungen mit den sanften Augen und den silbergrauen Haaren her. »Ich möchte dich so gern einmal spielen hören! Ich spiele zwar auch ein wenig Klavier, aber du kannst es sicher tausendmal besser als ich!« »Dafür kannst du tausendmal besser reiten als ich!« entgegnete Camillo grinsend. »Diese Pallas will überhaupt nicht schneller laufen!« »Ach, das liegt an ihrem Alter! Wart's ab, wenn du im Lager auf Miranda sitzt, werde ich vor Neid erblassen!« Ein Leuchten ging über Camillos Gesicht. »Miranda, das Wunderpferd! Daß ich sie wiedergefunden habe! Jetzt würde ich noch lieber mit dir tauschen, Silke!« Silke lachte. »Ich dagegen wäre gern im Zirkus aufgetreten. Was hast du dort eigentlich mit Miranda erlebt?« Camillo holte tief Luft. »Vor zwei Jahren bin ich fünf Monate lang mit dem Zirkus mitgezogen. Miranda war meine Partnerin, die zu meinem Geigenspiel tanzte. Sicherlich beherrscht sie die Nummer heute noch, denn was sie einmal gelernt hat, vergißt sie nie wieder. Ich sage dir, das war herrlich!« »Siehst du, jetzt würde ich gerne mit dir tauschen«, meinte Silke schmunzelnd. »Zirkus! Das wäre mein Traum!« »Es ging auch nur wegen meines Onkels«, sagte Camillo. »Er hat damals bei meinem Vater ein gutes Wort für mich eingelegt!« »Und warum machst du das heute nicht mehr?« Camillo seufzte. »Onkel Roland hat kurz darauf den Zirkus verlassen und sich bei einer amerikanischen Show verpflichtet. So etwas Langweiliges!« »Was ist eigentlich aus dem Zirkus geworden? Warum existiert er nicht mehr?« fragte Silke neugierig. »Das war eine ganz dumme Sache!« Camillo griff schnell nach seinem Hufkratzer, der ihm schon wieder aus der Tasche fallen wollte. »Durch einen Kurzschluß brannte der größte Teil des Zirkus nieder, und er war nicht ausreichend versichert, so daß sie den Rest verkaufen mußten.«

An einer kleinen Hütte am Waldrand legten die beiden eine Pause ein. Verträumt ließ Camillo seinen Blick über die Weite der Wiesen schweifen. »Hier leben, das wäre toll!« Silke schien nicht zugehört zu haben, denn sie starrte gebannt auf den glänzenden Gegenstand, der aus Camillos Tasche herausragte. »Was war das eigentlich, was dir Gusti vorhin gegeben hat?« »Das war ein Hufkratzer!« Camillo griff in die Tasche und reichte ihn Silke. »Der hier!« »Oh!« Verwundert schaute Silke den Hufkratzer mit dem verbreiterten Griff in Form eines Pferdekopfes an und entdeckte dabei den Spruch. »Was hat das zu bedeuten?« »Das ist ein Spruch aus der Bibel!« erklärte Camillo. »Er sagt aus, daß wir allezeit, sogar in der größten Not, Gott anrufen dürfen, und daß er uns hört und errettet! Ein Freund von mir hat mir den Hufkratzer geschenkt und den Spruch selbst eingraviert. Der Vers hat mir schon oft geholfen wenn ich nicht mehr weitergewußt habe!« »Hast du dann gebetet, und alle Schwierigkeiten haben sich sofort gelöst?« fragte Silke ungläubig. Camillo lächelte. »Die Probleme waren natürlich nicht auf der Stelle vom Tisch, aber ich brauchte keine Angst mehr zu haben, weil ich weiß, daß Gott seine Versprechen auch einlöst!«

»Und wer hat dir das beigebracht?« Wieder betrachtete Silke den Hufkratzer. »Mein Freund hat mir viel über den Glauben erzählt. Er ging jeden Samstag in den Jugendkreis. Anschließend kam er immer noch zu mir und berichtete, was sie gemacht hatten!« Bei Camillos Worten fiel Silke Isabelle ein. Hatte sie nicht nach einem solchen Jugendkreis gefragt? »Was macht man eigentlich in einem Jugendkreis?« »Alles mögliche. Außer Bibelarbeit, Ausflügen, Freizeiten und Sport singt man viel und unternimmt überhaupt eine ganze Menge!« »Warum gehst du dann nicht selbst in den Jugendkreis?« fragte Silke, nachdem Camillo so begeistert davon gesprochen hatte. »Ach, mein Vater möchte nicht, daß ich dort hingehe!« sagte er leise. »Er hat Angst, ich könnte zu sehr von der Musik abgelenkt werden. Dabei würde ich so gerne hingehen! Seit mein Freund weggezogen ist, erfahre ich gar nichts mehr über den Kreis.«

Camillo seufzte. »Aber wenn's eben nicht geht, lese ich eben zu Hause in der Bibel!« Er stand auf und nahm Pallas' Zügel. »Reiten wir zurück? Mein Vater wartet vielleicht schon auf mich!«

Hinein in die Ferien!

In den letzten Wochen bis zum Ferienbeginn schien Silke wie verwandelt. Jede Arbeit, die sie an das Reitlager erinnerte, führte sie in geheimnisvoller Vorfreude aus. Zwar hatte sie Camillo erst einmal gesehen, und das nicht für sehr lange, aber sie konnte den Gedanken an ihn nicht mehr loswerden. Der Abschied an jenem Tag war so jäh und unromantisch gewesen. Als sie nach ihrem Ausritt den Wiesengrund wieder erreicht hatten, wartete Camillos Vater bereits im Auto, so daß der Junge gleich gehen mußte, während Silke noch die beiden Pferde zu versorgen hatte. Nicht einmal richtig auf Wiedersehen konnten sie sich sagen, da Herr Randolph bereits ungeduldig hupte. Für Silke hatte sich jedoch die Welt verändert. Mit viel Liebe pflegte sie die Pferde, vor allem auch Miranda, die sie bisher nur gehaßt hatte. Wenn sie dem grauen Pferd in die sanften Augen schaute, sah sie Camillo vor sich, den rätselhaften Jungen, in dem so viel Unerwartetes steckte.

All ihre Versuche, ihn auszufragen, hatten zu keiner befriedigenden Antwort geführt. Sie hatte nur erfahren, daß Camillo in einer seltsam gebauten, altertümlichen Villa in der Mozartallee in Ketterach wohnte und daß das Haus mit zwei Konzertflügeln und schalldichten Türen ausgestattet war. Über seine Familie hatte Camillo nicht viel erzählt. Die einzigen lebenden Wesen, die er erwähnte, waren sein Vater, eine Haushälterin und der graue Perserkater Amadeus, der so gerne über die Tasten des Flügels lief. Alles übrige konnte sie sich in ihrer Phantasie ausmalen, wie es ihr gefiel. Um noch mehr mit ihm gemeinsam zu haben, fuhr Silke gleich am nächsten Tag mit dem Fahrrad nach Moordorf und kaufte sich eine kleine Bibel, die sie wie einen geheimen Schatz in ihrem Nachttisch verbarg.

Die Veränderungen an Silke waren auch ihren Geschwistern aufgefallen. »Also mich könnte selbst der bestaussehende

Junge nicht dazu bringen, stundenlang Klavier zu spielen!« meinte Susi, als sie Silke wieder einmal an dem sie bisher nur mittelmäßig interessierenden Tasteninstrument ertappte. Silke ließ sich von Susis Rede aber nicht beeindrucken. Ob sie nun Mozart, Beethoven, Bach oder Chopin spielte, immer fühlte sie sich mit Camillo verbunden.

Endlich brach der langersehnte Tag an. Gleich als erster Gast kam Heidi auf ihrem Tristan angeritten. Ihr ganzes Gepäck hatte sie in einem Rucksack verstaut. Fröhlich winkte sie den beiden Müllers zu. »Hallo Silke! Tristan und ich konnten gar nicht mehr länger warten, und so sind wir einfach losgezogen!« Silke half ihrer Freundin beim Absatteln und zeigte ihr die Box, in der das Pferd untergebracht werden sollte. Als die beiden vom Stall zurückkehrten, um Heidis Gepäck noch zu verstauen, fuhr auch schon ein rotes Auto in den Hof, das eindeutig Sorrys Eltern gehörte.

»Herrlich, wieder im Lager zu sein!« jubelte Sorry und griff nach ihrem Koffer. »Gleich nachdem ich gestern meinen Eltern das Zeugnis in die Hand gedrückt hatte, zog ich mir die Reithosen an und habe darin aus lauter Vorfreude sogar übernachtet!« Silke und Heidi lachten sich fast kaputt.

Plötzlich fuhr der nächste Wagen in den Hof ein,wobei es Silke fast die Sprache verschlug. Eine große, teure Limousine zog einen riesigen Hänger, der sicherlich auch nicht gerade der billigste gewesen war. Ein modisch gekleideter Junge verließ den Wagen. Neugierig gesellte sich Silke zu ihm. »Hallo! Willkommen im Reitlager Wiesengrund!« »Guten Tag!« Der gutaussehende Junge gab Silke die Hand. »Ich heiße Jan Wilster! Du bist doch sicher die charmante Tochter von Anton Müller!« Silke grinste verlegen, da sie derartige Schmeicheleien nicht gewohnt war. »Ja, ich bin Silke! Kommst du aus Ketterach?« »Klar, Ketterach ist doch ›Wilster-City‹! Mein Vater ist dort Oberbürgermeister!« Jan lächelte Silke vielsagend an. »Hast du noch nie etwas von meinem berühmten Pferd gehört? Helios von Herakles wird euren Stall mächtig verschönern!« »Helios von Herakles?« Silke stürzte zu dem Hänger.

»Das ist das berühmte Ketteracher Springpferd? Sag bloß, gehört der dir?« Jan nickte stolz. »Warte mal!« Er stieg in den Wagen und führte den herrlichen Rappen heraus. Entzückt stand Silke neben Helios und klopfte ihm den Hals. »Wirklich, Jan, ein Prachtpferd! Ein Rappe – das wäre mein Traum! Wir haben fast nur Schimmel!«

»Aber eure Schimmel scheinen auch nicht von Pappe zu sein! Immerhin habe ich schon einiges über sie gehört!« Jan drückte Silke Helios' Zügel in die Hand. »Klar, unsere Pferde sind auch nicht übel!« gab Silke zu. »Aber dein Helios – der fasziniert mich!« Jan ging sehr dicht neben Silke und legte den Arm um sie. »Ich verspreche dir, daß du einmal auf ihm ausreiten darfst!« »Danke, Jan! Das nehme ich gerne an!« Stolz schaute Silke zu dem breitschultrigen, muskulösen Jungen hoch, der sie lächelnd an sich drückte. »Und ich verspreche dir, daß Helios die beste Box im Stall bekommt!« Ein unheimliches Glücksgefühl überkam Silke, als sie zum Stall gingen.

In ihrer Freude über den netten Jan hatte Silke gar keine Lust, sich nun ihren alten Bekannten zu widmen. Sie ärgerte sich ein wenig über ihren Bruder Hans, der ausgerechnet in diesem Moment aufkreuzen mußte und Jan sofort in Beschlag nahm, um ihn in ein längeres Gespräch über sein Pferd Albatros zu verwickeln. Bald kam sich Silke dabei überflüssig vor und verließ den Stall.

Im Hof hatte sich inzwischen ein weiteres Ketteracher Auto eingefunden. Ein gemütlicher dicker Herr mit Glatze ließ zwei Mädchen aussteigen, die lebhaft miteinander schwatzten. Eine davon war klein, hatte langes blondes Haar und lustige Stirnfransen. An ihrem festlichen langen Rock hatte sie den Saum hinuntergetreten, so daß sie ständig stolperte. Das andere Mädchen war wesentlich größer und trug seine dunkelblonden Haare sehr kurz. Die beiden schienen Freundinnen zu sein, denn sie redeten und redeten. Silke hörte, wie der kleine dicke Herr ihren Vater begrüßte. »Guten Tag! Mein Name ist Pfillinger! Ich bringe meine Tochter Conny und ihre Freundin Claudia Kleine!« Während sie sich weiter unterhielten, halfen

Susi und Silke den Mädchen, das viele Gepäck ins Haus zu verfrachten. Auf der Treppe fiel Conny gleich über ihren Rocksaum. Susi lachte. »Sag mal, Conny, willst du etwa in diesem Aufzug reiten, oder hast du auch Reithosen dabei?« Conny stand auf und hielt den Rock hoch. »Klar, so werde ich natürlich nicht reiten! Aber weißt du, daß ich den Rock anhabe, das hat einen besonderen Grund. Mein Vater ist nämlich Dirigent. Gestern hat er ein Konzert dirigiert, bei dem ich dabeisein durfte. Weil es dann sehr spät geworden ist, habe ich heute morgen total verschlafen und konnte beim Anziehen nur noch diesen Rock finden. Alles andere war bereits im Koffer! Aber ich sage euch, das war ein herrliches Konzert. Camillo hat nämlich mitgemacht!« Als sie Camillo erwähnte, ging ein Strahlen über ihr Gesicht. Susi konnte sie nicht mehr länger anschauen, sonst wäre sie vor Lachen geplatzt. Silke dagegen zuckte unwillkürlich zusammen. Sollte das etwas zu bedeuten haben?

Der nächste Gast ließ nicht lange auf sich warten. Schon von weitem erblickte Silke ein Mädchen, das mit einem kleinen schwarzen Pony die Landstraße entlangzog. »O Schreck! Die hat uns gerade noch gefehlt! Das ist Dani Sommer mit ihrem Moritz! Na, dann Prost Mahlzeit!« Schnell verzog sie sich und überließ sie schadenfroh ihrer Schwester Susi, die nicht gerade begeistert war. Grantig wandte sich die freche Dani sofort an Herrn Müller und beschwerte sich, weil sie kein Pferd für sich bekommen sollte. Schon beim ersten Blick auf das Pony konnte Herr Müller das Mädchen verstehen, denn das Tier war sichtlich zu klein für Dani. »Vielleicht läßt sich noch etwas machen!« meinte er ausweichend und schickte Susi mit Dani in den Stall. Stolz zeigte ihr Susi all die anderen Pferde und freute sich, daß ihr die ungeliebte Klassenkameradin diesmal unterlegen war und sie ihr einen Dämpfer aufsetzen konnte.

Mit einer Theoriestunde begann am Nachmittag der Reitunterricht. Am Beispiel seines Rappens Moor erklärte Gusti alle Körperteile des Pferdes, außerdem das Putzen, Hufeauskratzen sowie das richtige Füttern. »Denkt daran, Pferde sind kein

Spielzeug, sondern Lebewesen, die täglich versorgt werden müssen. Außerdem werden sie es euch danken, wenn ihr gut zu ihnen seid. Und das erwarte ich von jedem von euch!«

Endlich ging es in den Stall. Jeder machte sein Pferd für die erste Reitstunde bereit. Die Anfänger hatten beim Satteln noch solche Schwierigkeiten, daß Silke oft eingreifen und helfen mußte. Während die anderen Reitstunde auf dem Sandplatz im Hof hatten, blickte Silke immer wieder zum Eingang, denn Camillo und Isabelle waren noch nicht eingetroffen.

Schließlich erblickte sie das kleine blonde Mädchen, das scheu den Hof betrat und von dem stürmischen Carachino fast umgeworfen wurde. Isabelle schrie auf und wich zurück. Sofort wollte Silke herbeilaufen, um das Mädchen von dem Hund zu befreien, doch da sah sie, wie Melli gerade vorbeikam und sich um Isabelle kümmerte. Als die Reitstunde vorüber war, gesellten sich Isabelle und Silke zu den Reitern, die ihre Pferde zum Stall führten. Isabelle, die bisher schweigend neben den anderen hergegangen war, faßte sich ein Herz und sprach Gustav an. »Sind Sie Herr Schmitt, der Reitlehrer?« »Ja, ich bin Gusti!« Er gab dem Mädchen die Hand. »Bist du Isabelle, das Mädchen vom Birkenhof?« Isabelle nickte schüchtern. »Ja, Herr Schmitt! Es tut mir leid, daß ich mich verspätet habe. Ich hatte ein wenig Angst!« Gusti grinste. »Weißt du, Isabelle, Leute wie du, die ihre Angst offen zugeben, sind mir die liebsten. Gefällt es dir eigentlich auf dem Birkenhof?« Isabelles Augen leuchteten. »Ja, Herr Schmitt! Ich habe zwar manchmal noch ein bißchen Heimweh, aber im Grunde ist es ganz toll dort – so geheimnisvoll!« Gustav beugte sich zu dem Mädchen hinunter. »Sag aber niemandem weiter, was du vom Birkenhof weißt! Behalten wir es vorläufig für uns!« »Wissen Sie auch etwas von den Geheimnissen des Birkenhofs?« fragte Isabelle überrascht. Gustav nickte. »Ich bin dort geboren und aufgewachsen. Aber davon werde ich dann später erzählen. Jetzt schaust du dir erst einmal dein Pferdchen an und läßt dir von Silke dein Zimmer zeigen. Außerdem habe ich noch eine Bitte an dich: Laß den dummen Herrn Schmitt in Zukunft weg und nenn mich Gusti, wie es die andern auch tun. Du kannst doch zu einem vom Birkenhof nicht ›Sie‹ sagen, sonst müßte ich Moor, Douglas, Paradeia und Carachino auch mit ›Sie‹ anreden!« Isabelle fing an zu lachen. Das Eis war gebrochen, und sie lief Silke fröhlich in den Stall nach.

Träume sind oft Schäume

In den Ställen ging es noch sehr lebhaft zu. Begeistert erzählten die Jugendlichen Silke und Isabelle von der ersten Reitstunde. »Wie hat es denn mit Dani geklappt?« fragte Silke gespannt. »Mußte sie ihr Pony Moritz nehmen?« »Heute gab es noch keine Probleme mit ihr!« erzählte Sorry. »Gusti hat Dani einfach auf Gundula gesetzt. Aber ich sage dir, diese freche kleine Rotznase kann gut reiten!«

Silke und Isabelle suchten Gundulas Box auf, wo Dani noch die Hufe des Pferdes auskratzte. Ein wenig mürrisch blickte Dani auf. »Tag, Isabelle! Du kannst gleich hier weitermachen, das ist ja dein Pferd! Dani überreichte Isabelle den Hufkratzer und schlüpfte rasch aus der Box. »Was hat sie denn?« fragte Isabelle überrascht. »Purer Neid!« Silke grinste. »Sie muß sich jetzt nämlich ein neues Pferd suchen!« Entzückt schaute Isabelle die kleine Stute an.»Ist das ein hübsches Pferdchen!« Gundula hob ihren Kopf und äugte neugierig zu Isabelle hinüber. Die buschige Mähne fiel dem Pferd weit ins Gesicht. Als Isabelle die Stirnlocke zurückstrich, entdeckte sie eine kleine, herzförmige Blesse. »Wenn sie schon so schön ist, ist sie sicher auch so brav,wie du mir erzählt hast!«, sagte sie begeistert zu Silke.

Silke ließ Isabelle mit Gundula allein und schaute, was die anderen Lagerteilnehmer taten. Camillo schien immer noch nicht gekommen zu sein. Ob er es sich noch anders überlegt hatte? In Gedanken verloren gesellte sich Silke zu einer kleinen Mädchengruppe, die sich aufgeregt über Jungen unterhielt. »Dieser Jan aus Ketterach kann gut reiten!« sagte Sorry mit Bewunderung. »Er war mit seinem Helios sogar besser als Hans mit Albatros!« Die Mädchen kicherten. »Claudia hat immer versucht, Jan schöne Augen zu machen!« erzählte Heidi belustigt. »Übrigens, er hat auch nach dir gefragt, Silke! Er fand es schade, daß er nicht gegen Paloma antreten konnte.

Aber ich glaube, es geht ihm weniger um Paloma. Nimm dich nur in acht vor Jan! Mir scheint, er will was von dir!« »Ich kann mich gut wehren,wenn jemand was von mir will!« gab Silke unwirsch zurück. »Solche Dinge merke ich auch selbst!« Insgeheim fühlte sie sich bei dem Gedanken an Jans Interesse pudelwohl. Vielleicht war er gar kein Angeber, sondern noch ganz nützlich!

Die Neuigkeit machte bald die Runde: Susi hatte für Dani ein neues Pferd gefunden! In den herrlichsten Farben hatte sie ihr das störrische Wunderpferd Miranda vor Augen gemalt, so daß Dani sofort begeistert zugesagt hatte. Gespannt verfolgten die »Eingeweihten« am nächsten Tag Danis erste Begegnung mit der Grauschimmelstute. Bereits als Dani die Box betrat, scheute die Stute und wich dem Mädchen aus. Mit aller Überredungskunst versuchte Dani, das Pferd zu beruhigen. Belustigt beobachteten die anderen Danis Mißerfolge. »Klappt es nicht mit Miranda?« fragte Susi mit unschuldigem Gesicht. »Vielleicht solltest du doch bei dem Pony bleiben!« »Ach, mit der werde ich schon noch zurechtkommen!« knurrte Dani. Die kleine Conny aus Ketterach hatte Danis Kampf mit Miranda ebenfalls verfolgt und betrat ihre Box. »Du mußt ganz lieb zu Miranda sein, Dani! Das hat Camillo mir erzählt!«

»Camillo?« fragte Silke überrascht. Conny lächelte geheimnisvoll und reckte sich, um größer zu wirken. »Camillo kenne ich schon sehr lange! Schließlich sind unsere Väter dicke Freunde. Außerdem ist er mein Klavier- und Geigenlehrer. Er ist unheimlich nett und auf seinen Instrumenten einsame Spitze!« »Hoffnungslos verknallt!« bemerkte Dani. »Erzähl mir lieber, was er dir über Miranda gesagt hat! Das interessiert mich mehr als dein Verhältnis zu ihm!«

Silke wurde auf einmal unruhig. Hatte Camillo die ganze Geschichte auch dieser kleinen Göre erzählt? War sie womöglich seine Freundin? Eine Welt schien zusammenzustürzen. An die Möglichkeit, daß er bereits eine Freundin haben könnte, hatte Silke bisher gar nicht gedacht. Warum hatte sie sich überhaupt so große Hoffnungen gemacht? Wenn sich ihr

Verdacht bestätigen würde, sollte ihr doch Camillo gestohlen bleiben! Conny dagegen fühlte sich jetzt so richtig wohl, seit sie im Mittelpunkt stand.

»Weißt du, Dani«, sagte sie mit belehrenden Worten, »wenn du auf Miranda reiten willst, mußt du ihr etwas vorsingen! Miranda ist sehr musikalisch!« »Ich soll – singen?« rief Dani entsetzt. »Ja, entweder singen oder geigen!« fuhr Conny fort. »Aber es muß alles ganz harmonisch klingen! Falsche Töne mag Miranda nicht!« Susi schüttelte sich vor Lachen. »Ein Glück, daß ich bei Schneesturm weder singen, geigen noch klavierspielen muß! Wenn ich dem Beethoven vorsetzen würde, könnte ich mit ihm ›Händel‹ bekommen!« Die anderen kreischten vor Vergnügen, als Dani ratlos vor der musikalischen Grauschimmelstute stand. »Was soll ich denn singen?« Conny grinste. »Laß dir was einfallen! Ich muß jetzt zu Pallas, sonst werde ich mit Satteln nie fertig!«

»O Miranda, jetzt hast du mich aber ganz schön blamiert!« Das sonst so freche Mädchen gab sich geschlagen und fing an, das ganze Schlagerrepertoire, das sie gerade kannte, vor sich hinzusingen, während sie sich ohne Scheu mit Striegel und Kardätsche der Stute näherte. Tatsächlich, Miranda blieb ganz ruhig stehen und beobachtete Dani mit lebhaftem Blick. Dani hatte keinerlei Schwierigkeiten mehr, das Fell des Pferdes auf Hochglanz zu striegeln. Selbst beim Hufeauskratzen blieb Miranda unglaublich still. Ab und zu warf Silke einen Blick in die Box und ärgerte sich, weil die freche Dani auf einmal so gut mit dem Pferd zurechtkam. Als Dani die Stute zur Reitstunde aus dem Stall führte, rief sie den verblüfften anderen triumphierend zu: »Da, schaut her! Ich reite auf Miranda, dem Wunderpferd! Vielen Dank, Susi, für den guten Tip!« »Die schafft auch alles!« murmelte Susi ärgerlich.

Dani hatte mit Miranda tatsächlich den Vogel abgeschossen. Was ihr keiner zugetraut hätte, war geschehen. Jeder, der das Mädchen während der Reitstunde beobachtet hatte, konnte nur bestätigen, daß die junge Reiterin sagenhaft mit dem Pferd zurechtgekommen war. Alles redete bereits von Dani und

»ihrer« Miranda. Silke regte sich über dieses Gerede maßlos auf. Miranda war einzig und allein Camillos Pferd! Und Camillo? Ja – wer war er in Wirklichkeit? Sie kannte ihn ja kaum! Trotzdem hatte er Silkes Herz im Sturm erobert, und sie konnte ihn nicht so schnell wieder vergessen.

Um sich wieder ein wenig an jenen Nachmittag zu erinnern, suchte Silke in einem unbemerkten Moment Mirandas Box auf, um dem Pferd ein Zuckerstückchen zu geben. Vorsichtig näherte sie sich dem Tier, das genüßlich Heu zermalmte. »Hallo, Miranda!« Das Pferd erschrak und machte einen gefährlichen Satz zur Seite. Verstört legte es die Ohren zurück und bleckte die Zähne. »Na komm, sei ein braves Mädchen!« Silke streckte ihre Hand aus. Plötzlich kam Miranda näher, nahm aber nicht den Leckerbissen, sondern biß kräftig zu. »Au!« Vor Schreck verpaßte Silke dem Pferd eine saftige Ohrfeige. Als es daraufhin noch angriffslustiger wurde, flüchtete Silke schnell aus der Box. Tränen der Wut traten ihr in die Augen. Nun hatte sie es sich mit Miranda auch verdorben!

Als sie aus dem Stall kam, hörte sie, wie Conny vor Dani und ein paar anderen Mädchen in den höchsten Tönen von Camillo schwärmte. Zähneknirschend hastete Silke an ihnen vorbei und verzog sich auf ihr Zimmer. Camillo war mit Conny zusammen! Dieser Gedanke schmerzte das Mädchen. Es war alles nur ein schöner Traum gewesen! Sicher gehörte Camillo zu den Jungen, die bei den Mädchen nur Eindruck schinden wollten. Silke öffnete mit zitternden Händen ihre Nachttischschublade und entdeckte die Bibel, die sie zwar als Andenken an Camillo streng gehütet, in der sie aber noch nie gelesen hatte. »Wieso sollte ich sie überhaupt lesen?« dachte Silke und fand es albern, daß sie sie gekauft hatte. Jetzt gab es ja keinen Grund mehr, warum sie Camillo imponieren wollte, und Interesse an der Bibel hatte sie ohnehin nicht. Schnell nahm sie das Buch heraus und verstaute es im hintersten Teil ihres Bücherregals, um nicht noch von den anderen belächelt zu werden.

Am nächsten Tag konzentrierte sich Silke ganz auf Paloma

Blanca. Sie hatte bemerkt, je besser sie mit Paloma sprang, um so mehr wurde sie von Jan Wilster beobachtet – und es war ihr nun wichtiger denn je, die Aufmerksamkeit dieses gutaussehenden Jungen auf sich zu ziehen. Die ganze Zeit überlegte sie sich, ob sie nicht einmal auf ihn zugehen sollte. Nach der Springstunde warf sie schließlich alle Schüchternheit über Bord und suchte Jan in Helios' Box auf. »Kann ich dir irgendwie behilflich sein, Jan?« »Ja, natürlich, Silke! Du kannst Helios' Trense auswaschen und das Putzzeug wegräumen!« Ein wenig enttäuscht, aber trotzdem gehorsam, erfüllte Silke Jans Auftrag. Sie hatte sich von ihrem Angebot weit mehr erhofft. Dennoch kehrte sie mit neuen Erwartungen zurück. »Dein Pferd ist wirklich wundervoll!« »Das ist mir klar! Er ist auch bester Abstammung und entspricht mindestens eurem Montblanc!« »Tatsächlich?« Voller Bewunderung musterte Silke das Pferd. »Dann muß wirklich viel in ihm stecken. Ich würde gern einmal auf ihm reiten!« »Gute Idee!« Jan schnippte mit den Fingern. »Heute abend haben alle besseren Reiter Ausritt zur freien Verfügung. Soviel ich weiß, reiten Hans und Sorry gemeinsam aus.« Er setzte ein breites Grinsen auf. »Ich habe für heute abend noch keine Partnerin. Hättest du Lust?« Silke schaute Jan überrascht an, weil sie so schnell an ihr Ziel gekommen war. Zwar kannte sie ihn noch kaum, aber das Angebot war so verlockend, daß ihre Neugierde und Abenteuerlust über alle Zweifel siegten. »Selbstverständlich komme ich mit! Klasse, das wird bestimmt gut!« Ohne einen Moment zu zögern, nahm Jan das Mädchen in den Arm. »Das glaube ich auch, Silke! Also, bis später!«

Silke wagte kaum zu atmen, als sie ein paar Stunden später mit Jan über die Wiesen ritt. Immer wieder mußte sie Jan anschauen, den berühmten Reiter aus Ketterach, der mit seinem Helios schon so viele Turniere gewonnen hatte. Wie herrlich er auf dem Pferd saß! Seine Figur und seine stolze Haltung wirkten hinreißend. Und nun saß sie selbst auf diesem Pferd! Silke fühlte die Wärme des Tieres, lauschte seinem temperamentvollen Schnauben und spürte, daß das Pferd es kaum abwarten konnte, bis sie es angaloppieren ließ. War das ein Galopp! Der Rappe streckte sich zu weiten Galoppsprüngen und ließ sich ohne Schwierigkeiten wieder versammeln, nur im Maul schien er sehr empfindlich zu sein. »Sagenhaftes Pferd, dein Helios!« Jan grinste. »Wie wär's? Wollen wir springen? Da drüben auf der Waldwiese stehen ein paar schöne Hindernisse!« Das ließ sich Silke nicht zweimal sagen. Helios nahm die Hindernisse hoch und sauber, und Silke genoß jeden einzelnen Sprung wie eine Reise ins Abenteuer.

Es dämmerte langsam, so daß sie mit Springen aufhören mußten. »Ich habe uns etwas zu Essen mitgenommen!« sagte Silke. »Gehen wir rüber in die Blockhütte?« »Gute Idee!« meinte Jan. »Unsere Pferde haben auch eine Verschnaufpause nötig!« Während des Essens fiel Silke auf, daß Jan sie die ganze Zeit so seltsam anstarrte. Ab und zu wagte auch sie einen schüchternen Blick, doch dieser seltsame Ausdruck in seinen Augen gefiel ihr gar nicht. Plötzlich stand Jan auf und setzte sich so dicht neben sie, daß sie erschrak. Er legte den Arm um das Mädchen und drückte es an sich. Schon spürte Silke seine Lippen auf ihren. Gierig faßte Jan sie an, so daß es ihr ganz unheimlich wurde. Als sie seinen heißen Atem spürte, überkam sie ein Gefühl von Abscheu und Ekel. Silke setzte alle Kräfte daran, sich von diesem Kerl loszureißen. »Mensch, laß mich los!« »Aber Silke, du willst doch auch!« Wieder wollte Jan sie küssen, doch Silke wehrte sich aus Leibeskräften und schrie laut. Mit Mühe gelang es ihr, durch die Tür der Hütte zu entkommen, aber Jan war schneller. »Komm, Püppchen, zier dich doch nicht so!« »Laß mich in Ruhe!« In diesem Moment wieherte Paloma und wandte den Kopf zu der großen Wiese zurück. Ein helles Wiehern ertönte als Antwort aus der Ferne. Silke atmete auf. Enttäuscht und ärgerlich ließ Jan sie los. »Na schön, dann mach was du willst, du alte Schlampe!« Er band sein Pferd los und ritt davon. Aus der Dämmerung tauchte ein gewaltiger brauner Hengst auf. Douglas! Obwohl sich Silke sonst vor dem schweigsamen Chris eher gefürchtet hatte und er ihr unheimlich war, fühlte sie sich in diesem Augenblick erleichtert, als der junge Mann abstieg und das weinende Mädchen tröstend in die Arme nahm. Chris stellte keine Fragen. Entweder interessierte es ihn nicht, oder er konnte sie auch ohne Worte verstehen. Behutsam half er Silke aufs Pferd und begleitete sie schweigend zum Wiesengrund zurück.

Aufgewühlt lag Silke im Bett und konnte lange nicht einschlafen. Warum mußte bei ihr auch immer alles schiefgehen? Plötzlich fielen ihr die Worte auf Camillos Hufkratzer wieder ein: »Rufe mich an in der Not, so will ich dich erretten, und du sollst mich preisen!« Sollte an der Sache mit Gott und dem Glauben vielleicht doch etwas dran sein? Enttäuschung, Zweifel und Resignation vertrieben jedoch auch diese Hoffnung. Wie sollte es nur weitergehen?

Camillos Ankunft

Am Morgen verspürte Silke nicht die geringste Lust, noch einmal Jan, dem unverschämten Angeber, zu begegnen. Ziellos lief sie nach der Reitstunde über den Hof. Irgendwie kam sie sich verlassen vor. Niemals hätte sie gedacht, daß dieses Lager so langweilig werden würde. Es hatten sich zwar inzwischen Cliquen gebildet, aber Silke gehörte nirgends so richtig dazu. Überall fühlte sie sich fehl am Platz. Seit der Sache mit Jan suchte sie erst recht Abstand zu den anderen Lagerteilnehmern. Mißmutig betrat sie den Pferdestall und suchte Palomas Box auf. Das Pferd wieherte laut, als es Silkes Schritte vernahm. »Oh Pali, wenn du wüßtest, wie unglücklich ich bin!« sagte Silke leise und streichelte den wohlgeformten Kopf der Schimmelstute. Nachdenklich ließ sie die langen Haare von Palomas Mähne durch ihre Finger gleiten. »Pali, du bist mein Wunderpferd, wenn auch alle anderen nur noch an Miranda denken!«

»Hallo Silke! Bist du auch im Stall?« Überrascht drehte Silke sich um. »Isabelle! Wie schön, daß du auch da bist! Ich dachte schon, ich sei die einzige,die nicht nach Moordorf gegangen ist!« Isabelle lächelte. »Ich bin viel lieber hier im Stall bei den schönen Pferden! Schau mal, Carachino ist auch mitgekommen!« Der schwarze Schäferhund saß dicht neben Isabelle und hechelte laut. »Wir haben Melli eben beim Füttern geholfen. Sie ist jetzt draußen bei ihren Pferden. Ich finde es lieb von Chino, daß er bei mir geblieben ist. Irgendwie komme ich mir manchmal so allein vor!« Silke schämte sich bei Isabelles Worten. Hatte sie dem Mädchen nicht versprochen, sie würde zu ihm halten? Nun hatte sie es über ihrer Eifersucht und ihrem Ärger ganz vergessen und alles Melli überlassen, die doch ohnehin so viel Arbeit hatte.

»Sag mal, Isabelle, hast du inzwischen einen Jugendkreis

gefunden?« fragte Silke mit schlechtem Gewissen. Isabelle schüttelte den Kopf. »Es gibt hier in Moordorf leider keinen Jugendkreis. Aber wir haben vor, nach den Ferien einen zu gründen! Mein Vater hat bereits mit einem Jugendleiter aus Ketterach gesprochen, der sich bereit erklärt hat, die Leitung zu übernehmen. Wir haben nur noch keinen geeigneten Raum gefunden!« Sie schaute zur Tür, wo Melli soeben mit der Mistgabel erschien. »Stell dir vor, Silke, Melli möchte auch mitmachen! Ich würde mich freuen, wenn du auch Lust hättest!« Verblüfft starrte Silke zu dem schwarzhaarigen Mädchen hinüber, das mit fröhlichem Gesicht den stürmischen Chino abwehrte. Von Melli hätte sie es am wenigsten erwartet...

»Na, ihr zwei, wollt ihr mir helfen?« fragte Melli und packte die beiden Mädchen an den Schultern. »Ich möchte das Wunderpferd ins Freigehege bringen! Es hat heute schrecklich schlechte Laune! So können wir die gute Miranda unmöglich ihrem neuen Reiter präsentieren!« »Ihr neuer Reiter?« fragte Silke überrascht. »Camillo?« Melli nickte und tat geheimnisvoll, als sie Silkes erwartungsvolle Miene sah. »Sag, wann kommt er?« »Morgen abend!« verkündete Melli. »Er hat vor zehn Minuten angerufen!« »Fein!« jubelte Silke. »O Melli, ich kann es kaum erwarten! Auf! Bringen wir Miranda auf die Koppel!«

Silkes Erwartung am nächsten Tag war so groß, daß sie noch nicht einmal Lust hatte, mit den anderen nach Moordorf ins Freibad zu gehen. Immer wieder mußte sie Miranda auf der Koppel besuchen. Das graue Pferd war inzwischen wieder viel ruhiger geworden und beschnupperte Silke neugierig, während sie träumend am Zaun stand.

»Was ist eigentlich mit dir los?« fragte Isabelle, die ihr den ganzen Tag über nicht von der Seite gewichen war. »Warum bist du nicht mit Sorry, Jan und Heidi nach Moordorf gegangen? Sie wollten doch, daß du mitkommst!« »Ach, Camillo kommt doch heute!« sagte Silke, der Isabelle im Moment ein wenig lästig war. Warum mußte sie auch wie eine Klette an ihr hängen? Plötzlich kam ihr eine Idee, wie sie Isabelle loswerden könnte. »Du, Isabelle, hättest du nicht Lust, mit Carachino spazierenzugehen? Jetzt hat sowieso gerade keiner Zeit für ihn!« »Fein, das mache ich gerne! Du kommst doch mit, Silke?« Silke seufzte, denn sie wollte Isabelle auch nicht kränken. »Weißt du, Isabelle, ich muß jetzt Klavier üben. Das muß ich eigentlich jeden Tag, und nun habe ich schon drei Tage nicht mehr geübt!« »Dann werde ich zuhören!« bot Isabelle an. »Und danach gehen wir zusammen spazieren!« Krampfhaft überlegte Silke, was sie darauf sagen sollte. »Es ist nur so dumm, daß ich immer so viele Fehler mache, wenn jemand zuhört. Ich sollte vielleicht doch lieber alleine üben. Nachher sehen wir uns ja wieder.« »Okay, dann bis später!«

Isabelle wandte sich von Silke ab und suchte den großen schwarzen Schäferhund. »Komm Chino, gehen wir spazieren!« Der Hund wedelte erfreut mit dem Schwanz und bellte, als ihn Isabelle von der Kette ließ. Ungeduldig hüpfte er um sie herum. »Halt doch mal still, Chino! Ich muß dich anleinen, sonst haust du mir ab!« Unterwegs zog Chino so fest an der Leine, daß Isabelle nebenherrennen mußte. Sie schlug einen schmalen Weg in Richtung Moordorf ein. Es war ein schöner, sonniger Nachmittag. Die beiden konnten ihren Spaziergang richtig genießen. Als sie ein Stück vom Wiesengrund entfernt waren, ließ Isabelle den Hund frei laufen. Tatsächlich, er rannte nicht davon, sondern blieb artig bei ihr. Immer wieder lief er ein Stück voraus und kehrte hechelnd zu ihr zurück.

Plötzlich blieb Carachino jedoch stehen und knurrte. Isabelle konnte nirgends einen Grund für seine Unruhe entdecken. Vorsichtshalber nahm sie ihn dennoch an die Leine, denn sie befürchtete, daß ein fremder Hund in der Nähe sein könnte. Auf der wenig befahrenen Straße nahe des Weges rauschte von Moordorf kommend ein gelber Sportwagen heran. Chino stellte die Nackenhaare auf und wurde immer wilder, so daß ihn Isabelle kaum mehr halten konnte. Auf einmal verlangsamte der Wagen sein Tempo und kam auf ihrer Höhe zum Stehen. Aus der Beifahrertür stieg ein Junge aus. Während der Fahrer die Fahrt fortsetzte, kam der Junge auf Isabelle und Chino zu.

Der Hund hielt inne und witterte dem Ankommenden entgegen. Seine Haare legten sich wieder, er begann zu wedeln und freudig zu bellen. »Carachino!« Das Tier riß sich von Isabelle los und stürzte auf den Jungen mit den silbergrau schimmernden Haaren zu.

Unsicher folgte Isabelle dem Hund. »Hallo! Bist du auch ein Freund von Carachino?« Der Junge, der beide Arme um Chinos Hals geschlungen hatte, sah auf und lächelte. »Ja, inzwischen sind wir Freunde! Anfangs hatte ich ja Angst vor ihm!« »Ich auch!« gab Isabelle zu.»Aber seit ich im Lager bin, sind wir dick befreundet!« Die beiden nahmen Carachino in die Mitte und schlugen den Weg zum Wiesengrund ein. »Wie heißt du?« fragte der große Junge neugierig. »Ich heiße Isabelle!« »Und ich bin Camillo! Was hast du für ein Pferd?« Isabelle sagte stolz: »Ich habe Gundi. Sie ist das sanfteste Pferd der Welt! Nicht wahr, du bekommst Miranda?« »Ja, Miranda, das Wunderpferd!« Camillos Gesicht leuchtete. »Ich freue mich schon auf sie!«

Wieder einmal konnte sich Camillo an den riesigen weiten Wiesen und den weidenden Pferden kaum satt sehen. Vergnügt pfiff er ein Lied vor sich hin. Plötzlich stutzte Isabelle und schaute überrascht zu ihm herüber. »Woher kennst du dieses Lied? Das haben wir in Plärenau immer im Jugendkreis gesungen! Sag mal, Camillo, bist du auch Christ?« »Ja!« sagte Camillo ebenfalls überrascht.»Leider erlaubt mir mein Vater nicht, daß ich in den Jugendkreis gehe, aber ich lese fast jeden Tag in der Bibel und singe auch gerne christliche Lieder. Wir könnten uns ja im Lager ab und zu zu einer Andacht treffen!« »Fein!« sagte Isabelle voll Freude. »Damit wären wir bereits zu dritt!«

Silke saß am Klavier und übte. Ihre Gedanken waren jedoch keineswegs bei Mozart und Chopin. Ständig schaute sie auf ihre Uhr. Wann kam Camillo endlich? Plötzlich hörte sie draußen Motorengeräusche. Hastig sprang sie auf und eilte hinaus. Tatsächlich, eben war Igor Randolphs Sportwagen angekommen! Aber wo war Camillo? Herr Randolph holte gerade etliche Gepäckstücke aus dem Auto. Suchend schaute er sich um und erblickte Gusti, der gerade ein krankes Pferd auf dem Hof auf und ab führte. »Kommen Sie her, Stallknecht, und bringen Sie Camillos Gepäck auf sein Zimmer!« Gusti drehte sich um. Er liebte es nicht, Stallknecht genannt zu werden. Dieser unfreundliche Mann mit seinem Befehlston in der Stimme war ihm auf der Stelle unsympathisch. »Ich kann hier jetzt nicht weg, wenn Sie mich meinen. Fragen Sie doch Hans Müller, der hat gerade Zeit!« »Und wo finde ich diesen Müller, hä? Ich kann nicht so viel Zeit verlieren, Stallknecht! Ich habe es eilig!«

Silke wollte zu Hilfe eilen, doch in diesem Augenblick kam ihr Vater und ging auf den Mann zu. »Guten Tag, Herr Randolph! Warten Sie, ich nehm' Ihnen das ab!« »Wenigstens einer, der was tun will!« knurrte der Mann. »Ihr Stallknecht ist vielleicht ein eingebildeter Kerl!« »Gusti ist in Ordnung, da müssen Sie sich getäuscht haben!« sagte Herr Müller eine Spur unfreundlicher. Schon nach wenigen Metern mußte er feststellen, daß er das viele Gepäck nicht allein schleppen konnte. »Gustav, sei mir doch bitte mal kurz behilflich!« Widerwillig gehorchte Gusti. Es war ihm unangenehm, jetzt auch noch klein beigeben zu müssen. »Wo ist denn Camillo?« fragte Silke, die ebenfalls eine der schweren Taschen ergriffen hatte. »Ach, der wollte schon ein Stückchen früher raus, wegen so eines Hundeviechs!« knurrte Herr Randolph. Silke hätte sich ohrfeigen können. Jetzt hatte sie sich die Begegnung mit Camillo selbst vermasselt. Wie dumm war es von ihr gewesen, nicht mit Isabelle und Chino spazierenzugehen! Am liebsten wäre sie Camillo gleich entgegengelaufen, aber ihr Vater hielt sie zurück. »Silke, du könntest Herrn Randolph noch die Pferde zeigen!«

Es schien eine Ewigkeit zu dauern, bis Camillo endlich eintraf. Da sich Herr Randolph für Silkes Vortrag nicht im geringsten interessierte, wünschte sich das Mädchen sehnlichst, von dieser lästigen Pflicht erlöst zu werden. Immer wieder schaute sie zum Eingangstor. Endlich erkannte sie die beiden, fröhlich miteinander plaudernd. »Wie ein Liebespaar« fuhr es Silke durch den Sinn, was ihr einen stechenden Schmerz verursachte. Doch sie schob die eifersüchtigen Gedanken beiseite und eilte Camillo entgegen. »Hallo Camillo! Ich hatte schon befürchtet, du würdest gar nicht mehr kommen!« »Du siehst ja, ich bin da, Silke! Ich bin riesig gespannt! Isabelle hat mir schon einiges erzählt!« »Sollen wir gleich zu Miranda gehen?« drängte Silke. »Sie hat schon große Sehnsucht nach dir!« »Au fein!« jubelte Camillo. »Isabelle, dann kannst du gleich sehen, warum Miranda mein Wunderpferd ist!« Wieder ärgerte sich Silke über den Blick, den der Junge dem Mädchen vom Birkenhof zuwarf. Nein, diesmal wollte sie nicht eifersüchtig sein! Sie brauchte sich jedoch nicht mehr zu bemühen, diese Gedanken zu vertreiben, denn Herr Randolph rief den Jungen zu sich und trichterte ihm wohl zum hundertsten Mal ein, er solle viel üben, und überhaupt, er wisse ja selbst, was sonst sein würde. Die Fröhlichkeit wich aus Camillos Gesicht. Er wurde blaß, als sein Vater sich von ihm verabschiedete und ihm noch etwas ins Ohr flüsterte. Camillo nickte zaghaft und schaute seinem Vater nach, der zum Wagen hastete und davonbrauste. »Kommst du jetzt mit, Camillo?« fragte Silke. Anscheinend hatte Camillo gar nicht zugehört, denn er schaute abwesend auf die Landstraße. Als Silke ihn stupste, fuhr er zusammen. »Ach so, zu Miranda! Ich glaube, das verschieben wir auf später. Ich muß jetzt meine Sachen auspacken!« Kopfschüttelnd schaute Silke ihm nach. »Ach, laß ihn doch!« meinte Isabelle. »Hauptsache ist doch, daß er jetzt da ist!« Verblüfft schaute Silke die strahlende Isabelle an. Ihren Augen war abzulesen, daß sie Camillo mochte. Wieder drängten sich Silke die zermürbendsten Gedanken auf. Hatte sie Camillo an Isabelle verloren?

Der neue Star

Enttäuscht mußte Silke am Frühstückstisch feststellen, daß die begehrten Plätze neben Camillo schon von Conny und Dani in Beschlag genommen waren. Sie unterhielten sich fröhlich, nur Isabelle stand etwas verloren in der Gegend herum. Ihr Gesicht hellte auf, als sie Silke erblickte. »Guten Morgen, Silke! Ich war heute schon bei Gundi! Paloma und Miranda habe ich auch kurz besucht!« Erleichtert gesellte sich Silke zu dem Mädchen vom Birkenhof. Entgegen allen Befürchtungen war Isabelle nicht gleich auf Camillo losgestürmt. Silke hatte sich anscheinend doch getäuscht.

In Gummistiefeln und alten Jeans zog die Meute nach der Reitstunde los. Gusti wollte die Jugendlichen durch das Birkenmoor führen, wo es interessante Dinge zu beobachten gab. Hier und da machte die Gruppe halt und ließ sich von Gusti einige Pflanzen erklären, auf die man bei Ausritten besonders achten mußte, weil sie den Pferden schaden könnten. Es dauerte nicht lange, bis der Boden zu schwanken anfing. »Ihr müßt mir jetzt alle im Gänsemarsch folgen!« riet Gusti. »Rechts und links vom Weg ist es so sumpfig, daß man bis zu den Knien einsinken kann!« Die meisten Lagergäste hatten keine Lust, sich schmutzig zu machen, und befolgten Gustis Ratschlag. Plötzlich ertönte jedoch ein Schrei. Dani war in ein Schlammloch geraten und steckte bis zu den Hüften im Morast. Alle lachten, als Gusti sie herauszog. Ganz schön schwarz war sie geworden!

Immer tiefer drangen sie in das Moor ein. An manchen Stellen wurde der Weg sehr eng. Überall wuchsen niedrige Moorbirken und bildeten ein wahres Gestrüpp. Nachdem die jungen Leute eine besonders schlammige Stelle mehr oder weniger schmutzig durchwatet hatten, standen sie vor dem altertümlichen Birkenhof, der im Schatten uralter verkrüppelter Moorbirken und anderer Bäume sehr gespenstisch wirkte. Die Mauern ähnelten denen von alten Burgen. Über dem außergewöhnlich hohen Giebel kreuzten sich zwei mächtige Balken, an denen einige halbverwitterte Eintragungen zu lesen waren. Sofort rannte Carachino mit großen Sätzen zu dem Gebäude hinüber und kroch in die Hundehütte. »Seht ihr, Chino fühlt sich hier zu Hause!« sagte Gusti. »Hier sind wir geboren; Chris, Douglas, Moor, Chino und ich. Als unser Chef starb, mußten wir fortziehen. Der Birkenhof blieb lange unbewohnt. Chino kehrte jedoch oft hierher zurück und träumte von der Vergangenheit.«

»Heute wohne ich hier!« sagte Isabelle plötzlich. »Du?« Camillo konnte es nicht fassen. »Ja, wir haben diesen Hof für unsere Forschungsarbeiten bezogen!« »Was erforscht ihr denn hier?« fragte Camillo neugierig. »Wir erforschen die Pflanzen- und Tierwelt des Moores. Außerdem interessiert uns die Geschichte des Birkenmoores. Es gibt viele Sagen um dieses Haus und die Gegend. Wir wollen herausfinden, was daran wahr ist!« Aus Isabelle sprudelten die Worte nur so heraus. »Das klingt ja schwer interessant!« sagte Camillo anerkennend. »Darüber mußt du mir noch mehr erzählen, Isabelle! Das macht mich richtig neugierig!« Silke, die das Gespräch nicht überhört hatte, fühlte wieder diese entsetzliche Eifersucht in sich aufsteigen.

Bittend wandte sich Isabelle an Gusti. »Bitte, Gusti, erzähl uns etwas über den Birkenhof!« »In Ordnung!« sagte Gusti. »Kommt alle hierher, im Halbkreis. Ich erzähle euch die Geschichte vom Moorgespenst!« Gusti sprach leise und geheimnisvoll. »Vor langer Zeit lebte hier einmal ein berühmter Mann. Es wird ein Graf oder ein Ritter gewesen sein. Auf jeden Fall benutzte er den verborgenen und fast nicht zugänglichen Birkenhof als Versteck vor seinen zahlreichen Feinden. Eines Tages wurde der Mann vermißt. Niemand wußte, wo er geblieben war. Nur ein Knecht aus Moordorf wußte von der Festung auf dem Birkenhof. Mit einigen Männern durchquerte er das Moor und entdeckte das bis dahin unbekannte Gebäude.

Es sah so verwüstet aus, als hätte ein Überfall stattgefunden. Man fand etliche Gegenstände, die dem Vermißten gehörten, sowie Blutspuren. Er selbst blieb verschwunden. Ein heftiger Sturm zwang die Leute, dort zu übernachten. Schreckliche Geräusche, Heulen und Kreischen schreckten sie in der Nacht auf. Panikartig ergriffen sie die Flucht. Einige von ihnen kehrten nie wieder zurück. Das Moorgespenst hatte sie unterwegs eingeholt und gefangen. Lange Zeit wagte sich niemand mehr zum Birkenhof, da dort anscheinend ein seltsames Wesen hauste, das auch den schrecklichen Moorgraben beherrschte. Erst nach Jahrzehnten wagten sich wieder Menschen auf den Birkenhof. Aber keiner der nachfolgenden Bewohner wurde vom Moorgespenst verschont. Menschen verschwanden spurlos, und in stürmischen Nächten hörte man die Geräusche. Diese sonderbaren Dinge trieben viele Leute dazu, den Birkenhof schon nach wenigen Wochen zu verlassen.«

»Hast du das Moorgespenst auch gesehen, Gusti?« fragte Jan belustigt. »Gesehen nicht gerade«, gab Gusti zurück. »Aber die Geräusche habe ich oft gehört. Isabelle wird euch sicher auch bestätigen können, daß das Moorgespenst heute noch da ist!« »Der scheint tatsächlich an Gespenster zu glauben!« kicherte Camillo. Kopfschüttelnd wandte er sich an Isabelle. »Sag mal, Isabelle, du wohnst wirklich hier auf dem Birkenhof?« Isabelle nickte. Sie wurde rot, als sie bemerkte, wie sehr sie plötzlich im Mittelpunkt stand. »An deiner Stelle würde ich nie wieder nach Hause gehen!« stöhnte Conny. »Das ist ja furchtbar! Stimmt denn das mit den Geräuschen?« »Ja, wenn man in die Scheune geht, hört man manchmal Rascheln, Schreien und Kreischen!« sagte Isabelle so beiläufig, als fände sie daran nichts Besonderes. Plötzlich schrie Conny laut auf. »Ich glaube, ich höre das Gespenst schon rascheln!« »Ach Quatsch, Gespenster gibt es doch gar nicht!« sagte Claudia. »Gusti hat die Geschichte doch nur erfunden!« »Wenn sie nur erfunden wäre!« murmelte Gusti und trieb die jungen Leute zum Aufbruch an.

Die Geschichte vom Birkenhof hatte Camillo so fasziniert,

daß er sich auf dem ganzen Rückweg in Isabelles Nähe aufhielt. »Wie erklärt ihr euch eigentlich die Geräusche?« fragte er gespannt. »Sie stammen alle von Tieren, die im Moor und in der Birkenhofscheune leben!« erklärte Isabelle. »Mein Vater hat hier ein paar ganz seltene Vogelarten gefunden. Außerdem gibt es viele Mäuse. Wir mußten sogar die alten Bücher vor den Mäusen evakuieren!« »Alte Bücher? Das klingt ja interessant! Da würde ich gern einmal hineinschauen!« sagte Camillo begeistert. »Könnten wir uns nicht heute abend noch treffen? Du weißt doch schon! Und bring am besten so ein altes Buch mit!« Silke entging nicht, wie sich Isabelle über Camillos Vorschlag freute. Ärgerlich wandte sie sich von den beiden ab. Für Camillo schien es nur noch Isabelle zu geben.

Hungrig wie die Wölfe stürzten sich alle auf das Mittagessen. Überall wurde noch angeregt über Gespenstergeschichten diskutiert. Die sonst eher schüchterne Isabelle war zum großen Star geworden und wurde heftig mit Fragen bombardiert. Silke war enttäuscht, denn Camillo hatte sich neben Isabelle gesetzt und würdigte sie selbst keines Blickes mehr. Warum mußte auch alles schieflaufen? Als Tochter des Gutsbesitzers, exzellente Reiterin, Retterin von Miranda und gute Klavierspielerin hätte sie doch so viele Chancen gehabt, Camillo für sich zu gewinnen. Nun mußte ausgerechnet diese Isabelle ihr die Schau stehlen!

Nach dem Essen floh sie schnell in den Stall zu Palomas Box, um dem Trubel um Camillo und Isabelle zu entgehen. »Hallo Pali! Du hältst wenigstens zu mir und faselst nicht ständig von Gespenstern!« Liebevoll streichelte sie ihr Pferd und schob ihm Leckerbissen ins Maul. Plötzlich quetschte sich ein schwarzes Wesen durch die halboffene Boxentür und sprang bellend an Silke hoch. »Carachino! Hast du mich aber erschreckt!« Sie packte den Hund am Halsband und zerrte ihn zur Tür hinaus. »Verschwinde, Chino! Ich kann dich jetzt nicht brauchen!« »Silke! Da bist du ja endlich! Ich habe dich überall gesucht!« Flink kam Isabelle die Stallgasse entlanggelaufen. »Jetzt hast du etwas Wunderbares versäumt! Du hättest sehen sollen, wie

Miranda Camillo begrüßt hat!« »Ach, das hab ich doch schon einmal gesehen!« brummte Silke mißmutig. Isabelle starrte sie verdutzt an. »Nanu, hast du schlechte Laune? Kann ich dir irgendwie helfen?« Silke schüttelte den Kopf. »Hat dich Jan schon wieder geärgert?« fragte Isabelle weiter. »Ach nein – es ist nichts!« »Dann komm doch mit, Silke!« bat Isabelle. »Camillo ist draußen bei Miranda! Er zeigt uns eine Zirkusnummer!« »Ach, laß mich doch in Ruhe!« stöhnte Silke. »Geh du nur zu Camillo! Ich möchte allein sein!« »Also gut, bis später!« Kopfschüttelnd verließ Isabelle den Stall.

Unruhig tappte Silke die Stallgasse auf und ab. Die Pferde spähten neugierig durch die Gitterstäbe. Nur eine Box stand leer. Klar, die neue Königin des Stalls durfte ja neuerdings die kleine Koppel vor dem Stall ganz für sich in Anspruch nehmen – und das den ganzen Tag über! Verärgert stieß Silke mit dem Fuß gegen die angelehnte Boxentür, worauf diese sofort aufsprang. Aber was war denn das? Lag da nicht im Stroh ein glänzender Gegenstand? Das war doch Camillos Hufkratzer! Silke hob ihn auf, betrachtete ihn andächtig und steckte ihn grimmig in ihre Tasche. »Vorläufig bekommt er ihn nicht wieder!«

Selbst die kompliziertesten Hindernisse schafften es nicht, Silke von ihrer Eifersucht abzulenken. Sie war gar nicht bei der Sache. Nach jedem Sprung vernahm sie hinter sich das dumpfe Geräusch der fallenden Stangen. Zunächst packte sie die Wut, sie fluchte und schlug heftig auf die unschuldige Schimmelstute ein. Als sie merkte, daß sie damit auch nichts erreichen konnte, gab sie ihre Springversuche resigniert auf. Jetzt war ihr alles egal. Wem sollte sie überhaupt noch mit guten Sprüngen imponieren? Kein einziger der Zuschauer aus den anderen Gruppen schenkte ihr Beachtung, nur Gusti, der Reitlehrer, herrschte sie aufgebracht an, weil sie ihr Pferd ungerechtfertigt geschlagen hatte. Silke hätte heulen können! Mit zusammengekniffenen Lippen nahm sie im Stall ihrer Stute den Sattel ab.

Plötzlich erschien Conny in ihrer Box. »Silke, kommst du mit?« »Wohin denn schon wieder?« maulte Silke. »Natürlich zu

Camillo!« sagte Conny geheimnisvoll. »Wir haben doch jetzt Musikstunde! Fast alle werden kommen! Isabelle übrigens auch!« Silke hielt die Luft an, um nicht in ihrem Ärger laut aufschreien zu müssen. Verkrampft krallte sie ihre Finger in Palomas Sattel. »Nein, ich komme nicht mit!« erklärte sie mit Bestimmtheit, schlüpfte eilig mit dem Sattel zur Tür hinaus und ließ die verblüffte Conny allein zurück.

Früh suchte Silke am Abend das Schlafzimmer auf. Sie war schrecklich müde. Durch die dünnen Wände hindurch hörte sie, daß Camillo Geige übte. Die leise Musik im Hintergrund wirkte so beruhigend, daß Silke bald die Augen zufielen. Doch sie schlief nicht lange. Schon nach einer Stunde erwachte sie wieder, weil die Mädchen im Nebenzimmer so laut kicherten. Seltsam, die Geigenmusik in Camillos Zimmer war bereits verstummt. Normalerweise übte er doch mindestens zwei Stunden am Stück! Plötzlich fiel ihr ein, daß sich Camillo auf dem Spaziergang mit Isabelle verabredet hatte. Sollte sie mal gucken, wo die beiden steckten? Obwohl Silke wußte, daß sie damit nichts erreichen würde, zog sie sich wieder an und lauschte an Camillos Zimmertür. Es war ganz still. Vorsichtig drückte sie die Klinke herunter. Das Zimmer war leer! Wo waren die beiden nur hingegangen? Suchend tappte sie durchs Haus und ging schließlich auf den Hof hinaus.

Da! Schon von weitem konnte sie in der Nische hinter dem Kastanienbaum Camillos rotes T-Shirt erkennen. Leise schlich sich Silke heran. Tatsächlich, Isabelle war bei ihm! Was Silke jedoch sah, verblüffte sie. Camillo und Isabelle hatten die Hände gefaltet und beteten. Vor ihnen lagen zwei aufgeschlagene Bücher. Silke wagte kaum zu atmen. War es etwa das, was die beiden verband? Nach dem Amen blickten Camillo und Isabelle wieder auf und lächelten. »Es ist einfach herrlich, daß wir uns hier treffen können!« sagte Isabelle. »Ich bin mir immer so alleine vorgekommen. Hier in Moordorf gibt es überhaupt keine christliche Jugendgruppe. Seit ich hier wohne, habe ich außer meiner Familie niemanden zum Beten gehabt. Ich finde es toll, daß nun du gekommen bist. Das hat Gott richtig gut gelenkt!« »Da hast du recht!« stimmte Camillo zu. »Seit mein Freund weggezogen ist, habe ich auch niemanden mehr, mit dem ich über Gott reden kann. Und nun treffe ich ausgerechnet im Reitlager eine Christin!« »Sind deine Eltern nicht gläubig?« fragte Isabelle. Camillo schüttelte leise den Kopf. »Meine Mutter ist schon lange tot, und mein Vater glaubt nur an die Musik und den Erfolg. Er meint außerdem, ein Jugendkreis könnte mich vom Üben ablenken. Wenn der wüßte, daß mir Gott viel mehr bedeutet als alle Geigen und Klaviere zusammen!«

»Eigentlich könnten wir doch auch noch andere zu unserer Andacht einladen!« schlug Isabelle vor. »Vielleicht bekommen wir einen kleinen Bibelkreis zusammen! Melli würde z.B. gerne kommen. Sie ist auch gläubig und hört sich immer die italienischen Sendungen im Evangeliums-Rundfunk an!« »Wenn sie kommt, dann kommt Gusti vielleicht auch!« sagte Camillo begeistert. »Ich werde ihn bei der nächstbesten Gelegenheit fragen!« »Und ich werde Silke einladen!« sagte Isabelle. »Soviel ich weiß, ist sie auch an einem Jugendkreis interessiert!« »Fein!« Camillos Augen leuchteten. »Weißt du was, Isabelle? Ich bin Gott so dankbar, daß ich dich hier getroffen habe!«

Silke fühlte einen stechenden Schmerz, als sie Camillos Worte hörte und sein Gesicht dazu sah. Aufgewühlt und mit den Tränen kämpfend rannte sie davon und verzog sich auf ihr Zimmer. Nun war ihr doch ausgerechnet Isabelle, die sie selbst überhaupt erst zur Teilnahme überredet hatte, bei Camillo zuvorgekommen! Silke warf sich auf ihr Bett und weinte bitterlich. »Und wenn mich diese Ziege zehnmal in ihren Kreis einladen sollte, ich komme nicht!« rief sie verbittert, sprang auf, zog Camillos Hufkratzer unter der Matratze hervor und warf ihn in hohem Bogen vom Balkon hinunter.

Der Sprung über den Schatten

Den ganzen nächsten Tag über ging Silke sowohl Camillo als auch Isabelle aus dem Weg. Schadenfroh stellte sie jedoch aus der Ferne fest, daß Dani ständig um Camillo herumschwänzelte und mit »ihrem« Wunderpferd angab, das er ihr nach langem Betteln für die Vormittagsreitstunde ausgeliehen hatte. Silke wünschte sich von ganzem Herzen, daß Isabelle von Dani einen Dämpfer bekommen würde, doch dem Mädchen vom Birkenhof schienen Danis Prahlereien nichts auszumachen.

Am Abend beobachtete Silke von ihrem Balkon aus, wie Camillo und Isabelle zum Nebengebäude zogen, um Melli in ihren geplanten Jugendkreis einzuladen. Das schwarzhaarige Mädchen sagte erfreut zu, nachdem Silke einige Minuten zuvor die Einladung mit mürrischem Gesicht abgelehnt hatte. Verärgert über die beiden und sich selbst suchte Silke ihr Bett auf und sagte zu den anderen, sie hätte Kopfschmerzen.

Ganz in sich zurückgezogen saß Silke am Frühstückstisch. Den Gesprächen um sie herum konnte sie entnehmen, daß anscheinend eine ganze Menge junger Leute am Jugendkreis teilgenommen hatte, denn viele sprachen noch begeistert über den gelungenen Abend. Außerdem wurde bereits eifrig der für diesen Tag geplante Ausritt besprochen. Aber nicht einmal der Gedanke an den Ausritt an diesem herrlichen Sommertag konnte Silke reizen, denn ausgerechnet Isabelle bekam in der Abteilung den Platz neben Camillo zugewiesen. Silkes Begleiterin sollte Dani auf ihrem Pony Moritz sein.

Mit prüfenden Blicken schritt Gusti die Reihe der Pferde ab. »Susi, deine Trense ist nicht fest genug! Heidi, dein Sattel sitzt zu weit hinten! Conny, Pallas hat noch Stroh im Schweif! Kathrine, du hast die Hufe noch nicht ausgekratzt! Sorry, so ist alles okay!« Schnell korrigierten die jungen Reiter die Beanstandungen ihres Lehrers. Gusti ging weiter und kam zu Silke, die ihm mit finsterem Gesicht entgegenblickte. »Na, Silke, ist dir eine Laus über die Leber gelaufen oder hast du Probleme mit Paloma?« »Nein, nein, es ist alles in Ordnung!« sagte sie unwirsch und schaute weg. »Das klingt aber gar nicht so! Hast du schlecht geschlafen oder einfach keine Lust zum Ausreiten?« »Ach nein, laß mich doch in Ruhe!« erwiderte Silke, worauf Gusti kopfschüttelnd weiterging.

Nachdem Gusti alles geprüft und für in Ordnung befunden hatte, zog die Reitergruppe los. Gusti und Melli führten die große Abteilung an. Paradeia erwies sich an diesem Tag schon in aller Frühe als sehr störrisch, und Melli stieß italienische Verwünschungen aus. »Meinst du etwa, der Gaul würde Fremdsprachen beherrschen?« fragte Gusti mit gespieltem Ernst, worüber die vordere Reitergruppe schallend lachte.

Silke hatte überhaupt keine Lust, an dem ihr zugewiesenen Platz hinter dem umjubelten Wunderpferd zu reiten. Deshalb scherte sie aus und setzte sich an den Schluß der Abteilung, wo Christian auf dem gewaltigen braunen Douglas ritt. »Na, Silke, machst du Standortwechsel?« fragte Chris überrascht. »Sicher hast du genug von Danis Mundwerk!« Silke nickte. »Sie ist eine schreckliche Angeberin!« »Da kann ich dir nur zustimmen!« meinte Christian lachend. »Stell dir vor, sie wollte gestern unbedingt mit Miranda springen, wobei das Pferd doch noch nie gesprungen ist! Gusti konnte es ihr nur mit Mühe austreiben!« »Werden wir an unserer Springwiese vorbeikommen?« fragte Silke neugierig. »Pst, hier wird nichts verraten«, flüsterte Chris, »aber zu deiner Beruhigung kann ich nur ja sagen!« »Herrlich!« jubelte Silke. »Dann kann Paloma endlich beweisen, daß in ihr mehr steckt als in Miranda!« Christian grinste und klopfte seinem Hengst den Hals. »Nicht wahr, Douglas, es ist schön, daß in einigen Pferden mehr steckt als in so manchen anderen. Manchmal müssen wir eben über unseren eigenen Schatten springen, um aus dem Schatten der anderen herauszukommen!« »Was meinst du damit, Chris?« fragte Silke verwirrt. Er kam jedoch nicht mehr zum Antworten, denn von der Spitze her tönte die gebieterische Stimme seines Bruders

Gustav. »Abteilung halt! Absitzen! Wir machen eine Pause! Bindet die Pferde an der Vorrichtung an!«

Nach einer ausgiebigen Vesperpause rief Gusti in sein Megaphon: »Wer will, darf jetzt springen! Wir machen ein kleines Turnier!« Die Reiter waren von Gustis Vorschlag begeistert. Alle, die nicht springen wollten, nahmen die Zuschauerplätze auf einem kleinen Hügel ein, von wo man alles gut überblicken konnte. Während die Springreiter auf dem kleinen Abreiteplatz noch ein wenig übten, nahm Gusti sein Megaphon zur Hand und spielte den Ansager. Als erster startete Chris auf seinem braunen Hengst. »Mann, hat der ein Springvermögen!« staunte Jan. »Aber ich schaffe den Parcours mit meinem alten Hasen gleich zweimal!« Weniger glücklich kehrte er zurück, da er nach dem Ritt gleich drei Abwürfe zu verzeichnen hatte. Von den nun folgenden Springreitern kam keiner an Christians Ergebnis heran. Zumindest einen Abwurf an einem hohen, heimtückischen Stangenoxer hatten alle zu verzeichnen. Eine komplizierte zweifache Kombination, die die Pferde stark irritierte, führte zu zahlreichen Verweigerungen. Schließlich blieb nur noch Silke übrig. Irgendwie fühlte sie, daß heute ihr Tag war. Jetzt hatte sie die Möglichkeit, einmal zu zeigen, was sie konnte. Sie dachte an die aufmunternden Worte Christians und trieb ihr Pferd an. »Los, spring über deinen Schatten, Paloma! Zeig, wer das Wunderpferd ist!« Plötzlich verstand sie, was Chris gemeint hatte. Sauber nahm Paloma ein Hindernis nach dem anderen. Mit lautem Beifall wurde Silke nach ihrem Ritt beglückwünscht. »Bravo, Silke! Das war großartig!« rief Camillo, der sie genau beobachtet hatte.

Als Gusti das Kommando zum Aufbruch gab, gesellte sich Camillo mit Miranda zu ihr. »Darf ich neben dir reiten, Silke?« »Natürlich darfst du das!« Silke war überrascht, daß er ausgerechnet sie und nicht Isabelle fragte. »Deine Paloma ist tatsächlich ein hervorragendes Pferd!« schwärmte Camillo. »Im Springen ist sie Miranda weit überlegen! Aber ich glaube, daß hauptsächlich du der Grund für die Erfolge bist!« Silke grinste. »Nun, meiner Meinung nach liegt es daran, daß Miranda das

Springen nie gelernt hat!« Nachdenklich betrachtete Camillo sein Pferd. »Hättest du Lust, Miranda das Springen beizubringen? Ich könnte mir keinen besseren Trainer für das Wunderpferd vorstellen!« Silke fühlte sich sehr geschmeichelt. »Das ist eine gute Idee! Und für dich mache ich das gerne!«

Gusti ließ die Abteilung antraben, so daß an weitere Gespräche nicht mehr zu denken war. Doch immer wieder begegneten sich Camillos und Silkes Blicke. Silkes Sprung über den Schatten schien sich gelohnt zu haben.

Der vermasselte Spaziergang

Nach dem anstrengenden Ausritt sollten die Pferde am nächsten Tag einen Ruhetag einlegen. Für die Jugendlichen bedeutete das aber keineswegs, daß sie an diesem Tag nichts zu tun hätten. Alle Zimmer mußten auf Hochglanz gebracht werden. Überall sah man Mädchen und Jungen mit Besen, Schrubbern und Putzeimern herumlaufen.

Die Putzwütigen hatten sich auch in Silkes Zimmer eingefunden, und es ging hoch her. Heidi entdeckte plötzlich auf Sorrys Bett einen Liebesbrief von Hans. Lachend holte sie ihn aus dem Kuvert und las laut vor: »Liebe Sorry! Habe ich Dir heute schon gesagt, wie sehr ich Dich liebe? Ich würde es Dir am liebsten mit tausend Küssen beweisen ...« In diesem Augenblick kam Sorry herein. »Heidi! Gib sofort den Brief her, sonst gibt's Dresche!« Drohend stürzte sie sich auf die Schnüfflerin und riß ihr das überaus wichtige Dokument aus der Hand. »Misch dich ja nicht in meine Angelegenheiten!« Heidi nahm den schmutzigen Staublappen und schüttelte ihn Sorry ins Gesicht, worauf diese laut aufkreischte. »Jetzt laßt doch den Unsinn!« rief Silke und fegte schnell das Zimmer aus.

Als sie den Besen wieder hinausbringen wollte, ging gerade Camillos Zimmertür auf. »Fein, daß du mir das Zimmer putzen willst, Silke!« Verblüfft drehte Silke sich um, ließ es sich aber nicht zweimal sagen. »Wie sieht es denn bei dir aus?« Überrascht betrachtete sie die Wände, die mit Notenblättern beklebt waren. Auf dem Tisch lag Camillos Bibel, ein Schreibheft und ein Kugelschreiber. »Nicht wahr, tolle Erfindung!« sagte Camillo lächelnd. »Jetzt brauche ich nämlich keinen Notenständer mehr! Ich gehe einfach mit der Geige die Wand entlang!« »Das ist eine witzige Idee!«

Silke begann, das Zimmer auszukehren. »Sag mal, Camillo, was wirst du heute nachmittag anstellen? Gehst du mit uns nach Moordorf?« »Ich würde ja gerne mitkommen, aber da drüben wartet auch jemand auf mich!« Er deutete auf seinen Geigenkasten. »Wenn ich mitkäme, würde ich schon wieder nicht zum Üben kommen!« »Du hast doch erst gestern abend drei Stunden lang geübt, Camillo! Ich würde mich freuen, wenn du mit uns kommen würdest!« Camillo schaute Silke nachdenklich an. »Jetzt hast du so schön mein Zimmer gefegt, da kann ich dir doch fast keinen Korb geben! Weißt du was, Silke, wenn du mir versprichst, daß du mich nicht bei meinem Vater verpfeifst, komme ich mit! Ehrlich gesagt, ich habe heute gar keine Lust zum Üben!« Silke traute ihren Ohren kaum. »Toll, daß du mitgehst! Das wird bestimmt lustig!«

Hingebungsvoll bearbeitete sie mit dem Staublappen Camillos Tischchen. Dabei fiel ihr Blick wieder auf die Bibel. Der Anblick des wohlbekannten Buches erinnerte sie an den Hufkratzer, den sie aus Wut einfach weggeworfen hatte. »Ach ja, Camillo«, stotterte sie verlegen, »wie ist es jetzt mit dem Jugendkreis? Wann trefft ihr euch wieder? Ich würde jetzt doch noch gern mitmachen. Ich habe jetzt übrigens auch eine Bibel!« Sie schwieg kurz und fügte beschämt hinzu: »Neulich habe ich mich unmöglich benommen, weil ich schlechte Laune hatte. Das tut mir jetzt leid!«

Camillo war verblüfft. »Das ist mir gar nicht aufgefallen, Silke! Aber das ist nicht so schlimm. Schlechte Laune kann jeder mal haben. Du, ich freue mich unheimlich, daß du auch in unseren Jugendkreis gehen willst! Übermorgen treffen wir uns abends drüben bei Melli. Bring deine Bibel mit!« »Klar, mache ich!« Silke wagte kaum zu atmen, da Camillo sich so offensichtlich darüber freute. »Wenn du möchtest, kannst du dich schon ein wenig auf den Abend vorbereiten!« fuhr Camillo fort. »Wir sind gerade beim zweiten Kapitel des Philipperbriefes, Vers 14 bis 18. Warte, ich schreibe dir die Stelle auf!« Camillo riß eine Seite aus seinem Heft heraus, notierte die Bibelstelle und reichte das Blatt Silke. »Vielen Dank, Camillo, ich werde es heute noch lesen!« versprach Silke aufgeregt.

Camillo versetzte ihr einen freundschaftlichen Klaps. »Ach

ja, was ich noch sagen wollte, ich habe meinen Hufkratzer verloren! Könntest du mir vielleicht beim Suchen helfen?« »Klar, mache ich sofort!« Eilig verließ Silke Camillos Zimmer, denn er sollte nicht sehen, daß sie rot geworden war. Im Hof überlegte sie krampfhaft, wohin der Hufkratzer gefallen sein könnte. Aber sosehr sie auch suchte, sie konnte den glänzenden Gegenstand nirgends entdecken. »Und wenn ich den ganzen Misthaufen umschichten müßte, ich muß den Hufkratzer finden!« dachte sie und holte sich eine Mistgabel. Aber alle Anstrengung war vergebens. Der Hufkratzer blieb verschwunden.

Besonders sorgfältig machte sich Silke für den Spaziergang nach Moordorf fertig. »Sag mal, Silke, für wen machst du dich eigentlich so schick?« fragte Sorry, als sie sah, wie lange Silke vor dem Spiegel stand. »Ach, du wirst schon sehen, wer mitgeht!« sagte sie geheimnisvoll. »Dann kann es ja nur Camillo sein!« vermutete Heidi. »Sieh dich vor, Silke, wenn er mitgeht, hast du auch Dani, Isabelle und all die anderen wieder am Hals!«

Heidis düstere Prognose traf leider ein. Als Silke zum Treffpunkt unter dem Kastanienbaum kam, sank ihre Stimmung gewaltig, denn da wartete bereits die ganze Mädchenschar. Trotz allem schluckte sie ihren Ärger hinunter und versuchte, so freundlich wie möglich zu sein.

Fast zwanzig Minuten lang mußten die Mädchen auf Camillo warten. Endlich erschien er an der Tür. Schon von weitem rief er Silkes Namen. »Silke, ich habe leider eine unangenehme Nachricht für dich! Deine Mutter hat vorhin noch vom Auto aus zu mir heraufgerufen, ich solle dir sagen, daß in einer halben Stunde deine Patentante anrufen würde. Anscheinend ist sie mit ihrer Familie nach Italien in Urlaub gefahren und möchte dich gern persönlich sprechen. Ich glaube, sie will deine Kleidergröße oder so etwas wissen, vielleicht will sie dir etwas mitbringen!« »Oh!« Silke machte ein langes Gesicht. »So geht es eben mit der Verwandtschaft!« meinte Camillo und lächelte die enttäuschte Silke aufmunternd an. »Mach dir nichts draus!

Wir gehen mal vor – du kannst ja nachkommen! Wir sind dann im Eiscafé!« Camillos Worte konnten Silke jedoch keineswegs trösten. Warum mußte Tante Agathe ausgerechnet im ungünstigsten Moment anrufen?

Seufzend kehrte sie ins Haus zurück. Sie setzte sich ans Telefon und wartete. Immer mußte sie an das Glück der anderen Mädchen denken, die nun mit Camillo spazieren gingen. »Sie hätten wenigstens auf mich warten können!« dachte Silke ärgerlich, zumal Camillo ja ursprünglich ihretwegen hatte mitgehen wollen! Unruhig rutschte sie auf dem Stuhl hin und her, wobei Camillos Zettel aus ihrer Tasche fiel. »Gute Idee!« murmelte sie und ging rasch auf ihr Zimmer, um ihre Bibel zu holen.

Nach langem Blättern hatte sie endlich die Stelle im Philipperbrief gefunden. Neugierig begann sie zu lesen.»Tut alles ohne Murren ...« Silke ließ die Bibel sinken und starrte das Telefon an. »Na, der hat gut reden!« dachte sie aufgebracht. »Zu seiner Zeit gab es garantiert noch kein Telefon! Außerdem wird die Tante dieses klugen Mannes keine so weiten Reisen unternommen haben wie Tante Agathe!« Silke schaute auf die Uhr. Seltsam, die halbe Stunde war längst um, und es war noch immer kein Anruf gekommen. Als in der nächsten Viertelstunde auch nichts geschah, stellte sie den Apparat neben das Klavier und versuchte, sich durch Üben ihre Langeweile zu vertreiben. Aber nicht einmal der sonst so heißgeliebte Chopin konnte sie über ihren Ärger hinwegtrösten. Erbost schlug sie nach zehn Minuten den Klavierdeckel zu und ging auf den Hof hinaus.

Auf der Gartenbank, neben dem von Kletterrosen überwucherten alten Brunnen, saß Christian. Er hatte heute frei und schrieb einen Brief an seine Freundin Luise, die in einem Kinderheim in München arbeitete. »Na, Chris, wie geht es Luise?« »Oh, danke, es geht ihr gut!« »Sie ist lange nicht mehr dagewesen!« stellte Silke fest. »Wann kommt sie mal wieder nach Wiesengrund?« Ein verträumtes Lächeln trat auf Christians Gesicht. »In einer Woche bekommt sie Urlaub! Sie wird dann sofort kommen, denn wir wollen gemeinsam auf einigen Turnieren starten!« Er faltete den Brief geschickt mit seinen langen, schlanken Fingern zusammen und steckte ihn in das Kuvert. »Er hätte Klavierspieler werden sollen!« dachte Silke, da seine Hände denen von Camillo ähnelten und mit Gustis Pranken überhaupt nichts gemeinsam hatten. »Springt ihr morgen wieder, Silke?« fragte Chris. »Klar, am liebsten jeden Tag. Sag mal, Chris, hältst du es für möglich, daß ich Miranda das Springen beibringe?« Gespannt wartete Silke auf Christians Antwort. »Nun ja, versuchen kannst du's ja mal! Viel bringen wird's jedoch nicht, sie ist schon recht betagt. Außerdem würde ich es schade finden, wenn du jetzt vor lauter ›Wunderpferd‹ nicht mit Paloma weitermachen würdest. Sie ist ein absolutes Spitzenpferd! Aus ihr kannst du noch eine Menge machen. Wart's ab, die geht noch S-Springen!« »Meinst du wirklich?« fragte Silke zweifelnd.

Chris wollte noch eine Erklärung abgeben, doch in diesem Moment kehrte Silkes Vater mit seinem Schimmelhengst Montblanc von einem Ausritt zurück. »Du, Silke, ich zieh lieber Leine!« flüsterte Chris mit einem vorsichtigen Blick zu seinem Chef. »Da! Dein Vater!« »Na und?« fragte Silke verblüfft. »Du hast doch frei!« »Trotzdem!« Hastig sprang der scheue junge Mann auf und verschwand hinter der Scheune. »Komischer Kerl!« Silke erhob sich ebenfalls und ging zu ihrem Vater hinüber, um ihm beim Absatteln zu helfen. »Nanu, du bist noch hier, Silke?« fragte Herr Müller erstaunt. »Tante Agathe hat mich versetzt!« schnaubte Silke. »Es ist immer noch kein Anruf gekommen!« »Tante Agathe? Jetzt? Wer hat dir denn das gesagt?« »Mutter!« stieß Silke hervor. »Aber –« Der Vater schaute sie mit ernsten Augen an. »Sie muß das mißverstanden haben! Agathe wollte doch erst am Abend anrufen!«

»So ein Mist!« zischte Silke und sah sich um. Was sollte sie jetzt tun? Um nach Moordorf zu gehen, war es bereits zu spät. Sie hatte aber keine Lust, die ganze Zeit auf dem Hof zu warten. So nahm sie sich vor, den andern mit dem Fahrrad entgegenzufahren. Schnell lief sie zum Geräteschuppen, wo ihr altes Fahrrad stand. Natürlich hatte es einen Platten! Mühsam versuchte sie, das Hinterrad aufzupumpen, aber auch die Pumpe erwies sich als defekt. Silke schleuderte sie hinter die landwirtschaftlichen Geräte und lehnte ihr Rad wieder an den Mähdrescher, wo es auch vorher gestanden hatte. Mißmutig wollte sie zu Fuß losziehen. Gerade als sie den Geräteschuppen verlassen hatte, kam Gusti mit dem Lieferwagen zurück, hupte und sprang heraus. »Fährst du mich geschwind nach Moordorf?« fragte Silke erwartungsvoll. »Mein Fahrrad ist kaputt!« Gusti blickte, die Lage peilend, zu Herrn Müller hinüber, der ihn bereits mit ärgerlichem Gesicht erwartete. »Es tut mir leid, aber ich muß jetzt gleich die Futtermittel abladen!« sagte er leise und deutete auf Silkes Vater. »Ich habe mich ohnehin schon verspätet.« Verständnisvoll nickte Silke und ging zu Fuß los. »Halt, Silke!« rief ihr Gusti nach. »Du könntest mir einen Gefallen tun, wenn du Chino mitnehmen würdest. Der Ärmste hat heute den ganzen Nachmittag im Auto verbringen müssen, weil er sich mit dem Wachhund des Händlers nicht verstanden hat!«

»Ist gut!« Silke war froh, daß sie nicht ganz allein nach Moordorf gehen mußte, und befreite den Hund aus seinem Gefängnis. Wild zerrte Chino an der Leine, so daß Silke fast hinfiel. »Du sollst nicht so reißen, Chino! Bei Fuß!« Der Hund blickte nur kurz zu ihr auf, gehorchte aber nicht. Wieder preschte er vor und zog ihr fast die Leine aus der Hand. Endlich erblickte sie die andern. Camillo und Isabelle schienen sich eifrig zu unterhalten. Schnell rannte Silke los, den anderen entgegen. Carachino sprang bellend an Camillo und Isabelle hoch, worauf Isabelle gleich die Leine an sich nahm. »Schön, daß du kommst, Chino!« rief Camillo und kraulte liebevoll das Tier. »Du hast uns den ganzen Nachmittag über gefehlt!« Silke ärgerte sich, daß die ganze Freude nicht ihr, sondern Chino galt. Schließlich fragte Camillo so ganz nebenbei:»Nun, was hat deine Tante gewollt?« Seufzend berichtete Silke von ihrem Schicksal, was aber keinen sonderlich zu interessieren schien.

Gewitterstimmung

Zu Hause angekommen, begaben sich die Jugendlichen in die Ställe, um die Pferde zu versorgen. Dani, die sich eigentlich um Moritz kümmern sollte, ging pfeifend zu Miranda. Wiehernd spitzte das Pferd die Ohren. Dani öffnete die Boxentür. »Wie schön, daß du dich über meinen Besuch freust, meine Miranda!« »Gib doch nicht so an, Dani!« sagte Silke ärgerlich. »Die freut sich doch bei jedem, der zu ihr kommt!« Dani drehte sich um. »Ist ja gar nicht wahr! Die freut sich nur bei Camillo und mir! Schließlich ist sie unser gemeinsames Wunderpferd!« Stolz klopfte sie dem Pferd den Hals. »Ja, ja, Miranda! Camillo, du und ich gehören zusammen!« »Hast wohl 'nen Knall, Dani!« knurrte Silke. »Bloß weil du dreimal auf ihr geritten bist, glaubst du schon, sie würde dir gehören – und Camillo wäre auch dein Eigentum!« »Du bist ja nur neidisch, weil Miranda nach dir schnappt!« gab Dani überlegen zurück. »Schau, Miranda, die alte Giftnudel kocht mal wieder vor Eifersucht!«

Am liebsten hätte Silke der frechen Dani eine geklebt, aber das konnte sie sich nicht leisten. Mit schadenfrohem Lächeln gesellte sich Conny zu den beiden Streithähnen. »Warte nur, Dani, wenn das Lager vorüber ist, dann gehört Miranda Silke und Camillo mir!« »Du glaubst ja wohl selbst nicht, daß sich Camillo irgend etwas aus dir macht, Conny!« meinte Silke belustigt. »Wenn der schon dein Geigenspiel hört, bekommt er graue Haare!« Die anderen brachen in schallendes Gelächter aus. »Klar, irgendwo muß er seine grauen Haare ja herhaben!« Claudia platzte fast vor Lachen. »Wenn du spielst, fallen sie ihm noch aus! Dann hat Camillo eine Glatze wie dein Vater, und du kannst sie ihm von mir aus mit Glanzpolitur ...«

»Wo habe ich eine Glatze?« Erschrocken drehte Claudia sich um und wurde feuerrot. Vor ihr stand Camillo, den keiner von ihnen bemerkt hatte. »Ach, Camillo, die lachen alle über deine grauen Haare!« klagte Dani. »Ich kann es schon gar nicht mehr mit anhören, wie sie über dich spotten!« »Dani, du bist so bescheuert!« kreischte Silke. »Das stimmt gar nicht, was du da behauptest! *Ich* habe überhaupt nichts gesagt!« »Doch, gerade du warst es!« triumphierte Dani. »Du hast das mit den grauen Haaren gesagt!« Silke kochte vor Wut. Diese alte Ziege! Alles mußte sie verderben! »Hört mal zu«, fing Camillo mit unglücklicher Miene an, »ich würde vorschlagen, daß wir jetzt die grauen Haare grau sein lassen und uns wieder vertragen! Ich habe immer gedacht, wir wären Freunde. Jetzt wird aus dem Reitlager womöglich ein Streitlager, und das nur meinetwegen!« »Du kannst doch nichts dafür, Camillo!« sagte Isabelle treuherzig. »Sie haben das doch nur so im Spaß gesagt. Wir können dich ehrlich alle gut leiden!« Camillos Stimmung war jedoch dahin. »Ist schon gut, Isabelle. Trotzdem tut es mir leid, wenn ich der Anlaß für einen Streit war. Ich will euch nicht durch meine Gegenwart gegeneinander aufhetzen. Vielleicht sollte ich nicht mehr so oft bei euch aufkreuzen und mich wieder mehr um meine Musik kümmern. Wahrscheinlich hat mein Vater doch recht, und ich sollte wieder nach Hause gehen. Dani, du kannst dich um Miranda kümmern! Ich muß jetzt üben!«

Damit drehte er sich um und ließ die Mädchen wie begossene Pudel im Stall zurück. Als er draußen war, brach Isabelle in Tränen aus. »Das habt ihr aber prima hingekriegt! Jetzt wird er nicht mehr zu uns kommen. Stellt euch vor, dann gibt es keine Klavierstunden, keine gemeinsamen Ausflüge und keinen Jugendkreis mehr! Dabei wollten doch ein paar von euch jetzt auch mitmachen!« Keiner antwortete. Silke war ebenfalls zum Weinen zumute, sie wollte es aber vor den anderen nicht zeigen. Am meisten schämte sie sich vor Isabelle.

Um sich ein wenig abzulenken, führte sie Paloma auf die Koppel hinaus. Draußen war es jetzt nicht mehr so heiß, so daß man die Pferde gut hinausbringen konnte. Eine dicke Wolkendecke hatte sich vor die vorher noch so herrlich scheinende

Sonne geschoben. Die Blätter der Kastanienbäume zitterten leicht. Schweigend stand Silke am Zaun und betrachtete ihr grasendes Pferd. Von Silkes Idee angesteckt, brachte ein Mädchen nach dem anderen ebenfalls sein Pferd ins Freie. Plötzlich stand Dani neben Silke. Anscheinend fühlte auch sie sich schuldig. »Du, Silke, wenn du willst, kannst du Miranda herausholen. Irgendwie mag ich gar nicht zu ihr hineingehen!« Wortlos ging Silke zum Stall zurück. In Gundis Box saß Isabelle, die immer noch weinte. Schnell huschte Silke an ihr vorbei und öffnete die Tür zu Mirandas Box. »Miranda, komm her, mein Mädchen!« Die Stute erschrak, schaute Silke an und legte die Ohren zurück. »Na, du wirst doch nicht schon wieder mit dem Theater anfangen!« Als Silke ihr das Halfter anlegen wollte, schnappte Miranda nach ihrer Hand. »Au! Du bist vielleicht ein bissiges Tier!« Nach zwei vergeblichen Versuchen gab sie resigniert auf. »Ist ja auch egal!« dachte sie traurig. »Jetzt ist es sowieso vorbei!« Während Silke den Stall verließ, schlich Carachino durch die Hintertür herein und kam mit wedelndem Schwanz zu Isabelle in die Box. »Schön, daß du kommst, Chino!« Isabelle wischte sich die Tränen aus dem Gesicht. »Komm, wir gehen spazieren!« Das Mädchen schloß die Tür zu Gundis Box, lief mit dem Hund ins Freie und schlug den Weg zum Birkenmoor ein.

Silke wußte nicht, was sie tun sollte. Ruhelos ging sie in ihrem Zimmer auf und ab. Plötzlich kam ihr eine Idee, und sie suchte nach Dani, Conny und Claudia, den anderen am Streit Beteiligten. Isabelle konnte sie nirgends finden. »Was hast du vor, Silke?« fragte Dani. »Laß uns jetzt geschlossen zu Camillo gehen und uns entschuldigen!« Da alle einverstanden waren, zogen die vier Mädchen los und klopften an Camillos Zimmertür, von wo aus sie bereits Geigenmusik vernahmen. Die Musik verstummte. Camillo erschien mit der Geige in der Hand und sah die Mädchen fragend an. »Camillo, wir wollen uns für eben entschuldigen!« fing Silke vorsichtig an. »Wollen wir wieder Freunde sein?« »Es tut uns ehrlich leid!« sagte nun auch Dani kleinlaut. »Na schön«, meinte Camillo und lächelte, »es war sowieso mein Fehler, gleich eingeschnappt zu sein. Eigentlich muß ich mich ja entschuldigen, weil ich zu blöd war, um Spaß zu verstehen. Wißt ihr was? Wir gehen jetzt runter, und ich gebe euch ein Klavierkonzert!« »Au fein!« Begeistert umringten die Mädchen ihren Schwarm. »Wo ist eigentlich Isabelle?« fragte Camillo plötzlich. »Bei ihr muß ich mich auch noch entschuldigen!« Da niemand wußte, wo sie war, gingen sie ins Musikzimmer. Hingebungsvoll spielte Camillo den Mädchen ihre Lieblingsstücke vor.

Alle waren so sehr in die Musik vertieft, daß ihnen gar nicht auffiel, daß es draußen bereits leise donnerte. Immer stärker wurde das Grollen. Grell leuchteten die Blitze auf, gefolgt von furchtbaren Donnerschlägen. Camillo ließ sich trotz des Gewitters nicht aus der Ruhe bringen und verspielte sich kaum einmal. Doch als schließlich noch ein entsetzlicher Regen niederprasselte, der die Musik fast übertönte, meinte Camillo: »Ich glaube, jetzt müssen wir aufhören. Die Musik der Natur hat beim Wettbewerb gewonnen!«

Plötzlich sprang die Tür auf. Triefend naß stand Gusti im Türrahmen. Er war sehr aufgebracht. »Sagt mal, hört denn da niemand etwas? Ich habe mindestens schon zehnmal gerufen, aber ihr habt ja Korken in den Ohren! Denkt denn keiner von euch an die Pferde?« Silke wurde blaß. »Unsere Pferde! Wir haben sie auf der Koppel vergessen!« »Wir bringen sie sofort rein!« versicherte Dani. »Jetzt ist es zu spät!« knurrte Gusti. »Am Kastanienbaum ist ein Ast abgebrochen und hat das Gatter zerschlagen! Sie sind alle durchgegangen!« »Du liebe Zeit!« rief Silke entsetzt. »Meine arme Paloma!« »Die darfst du jetzt gleich suchen!« sagte Gusti streng. »Ich habe euch für vernünftiger gehalten, besonders dich, Silke! Aber nein, für dich existieren ja nur noch Mozart, Beethoven und Camillo!« Gusti drehte sich um, verließ das Zimmer und knallte die Tür zu.

Camillo fuhr vor Schreck zusammen. »Was machen wir jetzt?« fragte er betroffen. Silke kamen die Tränen. »Ach, komm, Silke, du brauchst doch nicht gleich zu heulen!« sagte

Dani. »Wir satteln ein paar Pferde und fangen die Flüchtlinge wieder ein!« »Ist Miranda auch weggelaufen?« fragte Camillo. Silke schüttelte den Kopf. »Sie ist noch – im Stall!« »Also, was sitzen wir hier noch herum?« Claudia sprang auf. »Los, jetzt wird gehandelt!« »Ich kann doch gar nicht so gut reiten!« jammerte Conny. »Ach, dein Pferd werden wir auch noch finden!« tröstete sie Dani. »Halte du hier die Stellung!«

Sie eilten in den Stall, um für Silke, Dani und Claudia drei Pferde zu satteln. Erfreut stellten sie fest, daß ihnen Gusti die Arbeit bereits abgenommen hatte. Aber da standen vier Pferde! Die drei Mädchen saßen auf und ritten gleich auf den Hof. Gusti schaute sich um.»Was ist mit dir, Camillo?« fragte er angriffslustig. »Los, trödle nicht so lange! Zieh dir einen Regenmantel über und reit mit!« »Was? Ich soll Pferde fangen?« rief Camillo entgeistert. »Ja, genau du!« antwortete Gusti scharf. »Mein Pferd ist doch gar nicht durchgegangen!« wehrte sich Camillo. »Außerdem kann ich das nicht!« Gusti platzte der Kragen. »Klar kannst du das nicht! Du kannst ja nur den großen Star im frommen Mäntelchen vor den Mädchen spielen, läßt dich bewundern und bedienen und lenkst sie von ihrer Pflicht ab! Du bist ja nicht einmal fähig, etwas für deine Freunde zu tun! Dir sind die andern ja völlig egal! Du fühlst dich zu fein dazu, du Heuchler! An deine frommen Sprüche werde ich niemals glauben, solange du diese vorbildliche Form der Nächstenliebe praktizierst!« Gusti ritt los und winkte den Mädchen, sie sollten ihm folgen. Betroffen und immer noch unschlüssig stand Camillo neben Miranda und schaute den andern verzweifelt nach. Schließlich faßte er sich ein Herz, stieg auf und ritt ihnen hinterher.

Auf der Suche

Es wurde ein beschwerlicher Ritt. Da es nun schon so lange nicht geregnet hatte, war der Boden hart wie ein Brett, und überall stand das Wasser. Allmählich setzte nun auch die Dämmerung ein, so daß man kaum mehr etwas sehen konnte. Camillo ritt sehr langsam und vorsichtig. »Na los, komm schon!« drängte Gusti, als Camillo immer mehr zurückfiel. Der Junge trieb die Stute an. Plötzlich fuhr in der Nähe ein Blitz nieder, gefolgt von einem gräßlichen Donnerschlag. Miranda scheute und stieg, worauf Camillo den Halt im Sattel verlor und auf dem Waldweg landete. Laut schrie er auf. Gusti hielt sofort an, stieg ab und ging besorgt auf ihn zu. Moor schnaubte und stampfte ungeduldig mit den Hufen. »Hast du dir weh getan, Camillo?« Gusti reichte Camillo die Hand. »Es geht schon«, keuchte der Junge und ließ sich hochziehen. Seinem Gesicht nach zu urteilen, mußte er jedoch Schmerzen haben. Stirnrunzelnd schaute Gusti ihn an. »Bist du dir sicher, Camillo? Willst du vielleicht lieber umkehren? Ich glaube, ich habe doch ein wenig zu viel von dir verlangt!« »Nein, nein, ich reite weiter! Schließlich bin ich an der ganzen Sache schuld!« Mit viel Mühe bestieg Camillo wieder sein Pferd. Jetzt, nachdem er von Gusti diese Abfuhr bekommen hatte, wollte er auf keinen Fall als Versager dastehen.

Langsam ritten sie weiter. »Wenn wir nur Chino dabeihätten, dann wäre alles nur halb so schwierig!« klagte Gusti, der bereits vor Kälte zitterte. »Wer von euch hat ihn denn schon wieder entführt?« »Keine Ahnung, wo er steckt!« sagte Silke nachdenklich. »Aber er ist oft bei Isabelle. Sagt mal, wo ist Isabelle überhaupt?« Keiner wußte eine Antwort. »Vielleicht ist sie mit Chino fortgegangen!« vermutete Dani. »Vorhin, als ich Moritz auf die Koppel brachte, habe ich gesehen,wie sie mit ihm spielte!« Gusti erschrak. Er ließ Moor antraben und trieb die anderen zur Eile an. »Hoffentlich ist sie nicht irgendwo im Birkenmoor!« Plötzlich hob Claudia die Hand.»Halt! Da vorne habe ich, zwischen den Bäumen etwas Weißes gesehen!« »Das ist Paloma!« rief Silke und lockte das Tier. Die Stute wieherte laut. Sie hatte sich mit den anderen Pferden eine dichte Baumgruppe als Unterstand gewählt. Schnell stieg Silke ab und ging auf Paloma zu. Ohne Widerstand ließ sich die Schimmelstute einfangen. Auch das Pony Moritz und Claudias Dunja bereiteten keine Probleme. Nur Connys alte Pallas, die irgend etwas Wunderbares zu fressen gefunden hatte, wollte nicht davon ablassen.

Gusti atmete auf. »Alle sind in Ordnung! Da haben wir aber Glück gehabt!« Mit ernstem Gesicht wandte er sich an die Pferdefänger. »Eigentlich müßte ich jetzt gewaltig mit euch schimpfen und euch bestrafen! Ich will es aber bei der Verwarnung belassen, weil ich hoffe, daß ihr eine Lehre daraus gezogen habt!« Die vier Jugendlichen nickten schuldbewußt. »Jetzt aber nichts wie nach Hause!« befahl Gusti. »Jeder nimmt ein Handpferd mit. Zieht euch zu Hause gleich um und reibt die Pferde ordentlich ab! Ich reite weiter und suche Isabelle!« Silke schüttelte den Kopf, als sie sah, daß Gusti in seinem nassen, zerfetzten Bundeswehrparka schrecklich fror. »Komm lieber mit heim, Gusti! Sicherlich ist sie längst zu Hause!« »Nein, das glaube ich nicht!« Gusti strich seine triefenden, zerzausten Locken aus dem Gesicht. »Wenn sie schon zu Hause wäre, würde mein Chino sicher bei mir sein!« »Dann komme ich mit dir, Gusti!« bot sich Camillo an. »Ich möchte auch etwas für Isabelle tun. Ich bin kein Feigling!« Gusti wehrte ab. »Nein, Camillo, es ist genug für dich. Du reitest nach Hause! Ich glaube dir, daß du gern helfen würdest, aber deine Hilfe wird jetzt bei deinen anderen Freunden gebraucht. Schließlich mußt du ja das Pferd heimbringen. Ich möchte nicht, daß jemand zwei Pferde führt, und daß womöglich noch eines durchgeht!« Den vieren leuchtete Gustis Begründung ein, und sie machten sich mit den Ausreißern auf den Weg.

Klatschnaß erreichten sie den Wiesengrund. Conny, die

schon lange auf ihr Pferd wartete, hatte den Vorfall bereits den anderen erzählt, die nun auch mit Spannung Ausschau hielten. Erleichtert liefen sie hinaus, als die Reiter eintrafen. »Hallo Silke!« rief Melli und nahm ihrer Freundin das Pferd ab. »Ist alles gutgegangen?« Silke nickte und stieg ab. »Im Wald haben wir sie erwischt. Aber sag mal, weißt du, wo Isabelle steckt?« »Ist sie nicht bei euch?« fragte Melli bestürzt. Silke schüttelte verzweifelt den Kopf. »Keiner weiß, wo sie ist! Vermutlich ist sie mit Chino unterwegs. Gusti ist weitergeritten, um sie zu suchen. Obwohl das bei diesem Wetter sinnlos ist, ließ er sich nicht davon abbringen. Er ist völlig durchnäßt und hat keinen Regenmantel dabei!« »Typisch Gusti!« stöhnte Melli. »Ich werde ihm nachreiten! Kümmert ihr euch um die Pferde!«

Während sich Melli mit Paradeia auf den Weg machte, brachten die vier Pferdefänger ihre Pferde in den Stall. Wie sahen sie jetzt aus! Die Schimmelstute Paloma war so schmutzig geworden, daß sie schon fast einem Rappen glich. Nach getaner Arbeit setzte sich Camillo erschöpft ins Stroh. »Camillo, du mußt dich umziehen, sonst erkältest du dich noch!« ermahnte ihn Silke. »Ach, laß mich noch ein wenig hier sitzen!« bat Camillo. »Ich bin total erledigt! Jetzt habe ich so ein schlechtes Gewissen wegen Isabelle und Gusti! Ich bin an allem schuld, wegen meines dummen Stolzes! Außerdem habe ich Gusti noch vor ein paar Tagen für einen Feigling gehalten und mich über ihn lustig gemacht, dabei ist er bewundernswert mutig, und ich bin ein feiger Hund und ein – Heuchler!« »Sei doch still, Camillo, ich bin mindestens genauso schuldig, wenn nicht noch mehr!« sagte Silke mitfühlend. »Aber komm doch jetzt herein! Ändern können wir sowieso nichts mehr, und ausruhen kannst du dich auch drinnen!« »Du hast recht!« Camillo lächelte Silke an. »So langsam wird mir auch kalt! Ziehst du mich hoch?« Liebend gern erfüllte ihm Silke diese Bitte und lief mit ihm ins Haus zurück.

Inzwischen hatte Gusti das Birkenmoor erreicht. Es war gar nicht so einfach, in der Nacht einen begehbaren Weg durch das Moor zu finden. Zum Glück kannte sich Gusti gut aus. Wie oft hatte er dieses Moor durchquert, um zum Birkenhof zu reiten! Heute war ihm jedoch nicht ganz wohl bei der Sache. Einerseits machte er sich Sorgen um Isabelle und Chino, andererseits fürchtete er sich vor dem Moor, das ihm heute gefährlicher als sonst erschien, da alles durch den Regen überschwemmt und aufgeweicht war. Vorsichtig ging er mit seinem Pferd vorwärts. Er führte es am Zügel, um es zu entlasten. So konnte er auch besser nach dem Weg suchen.

Plötzlich wurde der Regen wieder stärker. Die kalten, harten Tropfen prasselten auf die beiden herab. Verzweifelt suchte Gusti einen Weg, aber das ganze Moor hatte sich in ein riesiges Sumpfloch verwandelt. Gusti schaute sich um und stellte fest, daß er völlig die Orientierung verloren hatte. War er etwa schon in der Nähe des Birkenhofes, oder ging er geradewegs auf den gefährlichen Moorgraben zu? Gusti erschauderte bei diesem Gedanken. Das Pferd schien sich auch nicht wohl zu fühlen, denn es schnaubte unruhig. Der Wind heulte laut, und der Boden schwankte bedenklich. Das ganze Moor schien überzulaufen. Einmal hatte Gusti nicht aufgepaßt und rutschte aus. Nur mit Mühe konnte er sich vor der alles verschlingenden Sumpfmasse retten. »Carachino, hilf mir doch!« rief er laut. Doch wie sollte ihn der Hund bei diesem Sturm hören? Vielleicht lebte Chino gar nicht mehr! Gusti wagte den Gedanken gar nicht weiterzudenken. Wieder und wieder rief er den Namen seines treuen Freundes, aber alles schien hoffnungslos. Nur der grausame Wind gab Antwort, und diese war hart, kalt und erbarmungslos. Um ihn herum blubberte und brodelte der Boden. Der Moorgraben! Gusti erkannte, daß er sich mittendrin befinden mußte. Aus lauter Verzweiflung ließ er sein verängstigtes Pferd frei. »Lauf, Moor! Such du dir wenigstens einen Ausweg zum Überleben!« Es dauerte nicht lange, da war der schwarze Hengst in der Nacht verschwunden. Nun war Gusti allein.

Auf dem Wiesengrund warteten die Lagerteilnehmer vergeblich auf ihren Chef. Alles machte sich große Sorgen um Gusti und Isabelle. Als der Regen stärker geworden war, hatte

Melli ihre Suchaktion abbrechen müssen und war zurückgeritten. »Ich hätte ihn doch zurückhalten sollen!« warf sich Silke vor, als sie gemeinsam mit Melli Paradeia in den Stall brachte. »Ach, das hätte auch keinen Sinn gehabt!« meinte Melli. »Was sich Gusti in den Kopf setzt, das tut er auch; koste es, was es wolle!« »Ihr hättet besser auf eure Pferde und auf Isabelle achten sollen!« sagte Herr Müller ernst. »Immer diese Eifersuchtszenen!« Die Beteiligten des Streits im Stall fühlten sich am meisten schuldig. »Warum haben wir uns nicht um Isabelle gekümmert?« warf sich Dani vor. »Wir haben wirklich alle nur an uns selbst gedacht!«

Gustis Bruder Christian saß merkwürdig still am Tisch. Für gewöhnlich scheute er sich davor, das Haus der Müllers zu betreten, doch heute suchte er die Nähe vertrauter Menschen. Er war ganz blaß und stützte verzweifelt den Kopf auf die Hände. Plötzlich sprang er auf. »Ich habe ein Pferd gehört – draußen auf dem Hof! Das muß Moor sein!« Chris hastete zur Tür, gefolgt von den andern. Tatsächlich, da stand der Rapphengst Moor, total verdreckt und mit zerfetztem Zaumzeug. Von Gusti fehlte jede Spur. »Ich reite los und suche ihn!« rief Chris mit heiserer Stimme. »Ich kann meinen Bruder nicht einfach im Stich lassen!« »Nein, Christian, du bleibst da!« entgegnete Anton Müller energisch und hielt ihn fest. »Jetzt loszureiten wäre glatter Selbstmord!« Christian verlor beinahe die Fassung. »Ich – ich muß ihn suchen! Er ist so – so schrecklich allein – da draußen im Moor!«

»Sei doch ruhig, Chris!« sagte Melli leise. »Wir machen uns doch alle furchtbare Sorgen, aber im Moment können wir nichts anderes tun als für ihn beten! Ich bin überzeugt, daß Gott weiß, wo er ist, und daß er ihn bewahren kann!« »Los, Silke, du bringst Moor in den Stall!« befahl Anton Müller. »Ihr anderen kommt jetzt wieder herein! Nicht, daß einer von euch noch auf die leichtsinnige Idee kommt, ins Moor hinauszureiten. Ich möchte nicht noch jemanden verlieren!« Gehorsam führte Silke den kraftvollen schwarzen

Hengst zum Stall des Nebengebäudes. Moor schaute sie mit so traurigen Augen an, daß sie die Tränen nicht mehr zurückhalten konnte.

Der Regen hatte zwar wieder nachgelassen, doch nun überließen die davonziehenden schwarzen Wolken der Dunkelheit der Nacht das Feld. Beunruhigt starrte Silke vom Balkon herunter. Sie konnte einfach nicht einschlafen. Immer noch wurde sie von ihrem schlechten Gewissen geplagt. Wenn Isabelle und Gusti etwas zugestoßen sein sollte, so wäre sie daran mitschuldig! Die schrecklichsten Bilder und Gedanken tauchten in ihrer Phantasie auf. Vielleicht hatte der Blitz die beiden erschlagen, oder aber sie waren im Moor ertrunken! Ein heftiger Windstoß fuhr durch die Zweige der großen Kastanienbäume im Hof, worauf Tausende von Wassertropfen zur Erde niederprasselten. Immer seltener wurde das leise Grollen des Donners aus der Ferne. Das Gewitter zog ab. Noch ein paarmal wurde der Horizont von zuckenden Blitzen erleuchtet. Der Sturm brauste noch zweimal mit urwüchsiger Kraft über den Hof, wurde dann schwächer und wechselte in eine leichte, säuselnde Brise über, die jedoch auch nur noch wenige Minuten lang anhielt. Der Spuk war vorüber. Es wurde unheimlich still, während am Himmel die ersten Sterne erschienen.

Ein neuer Tag

Die dunklen Wolken der Nacht hatten sich verzogen. Strahlender Sonnenschein kündigte den neuen Morgen an. Es war kurz nach sieben Uhr, als Silke erwachte. Die anderen in ihrem Zimmer schliefen noch fest. Beim Blick aus dem Fenster wurde Silke gleich wieder an die Schrecknisse der vergangenen Nacht erinnert, denn im Hof stand das Regenwasser noch in zahlreichen Pfützen. Seufzend kehrte Silke zu ihrem Bett zurück, wobei ihr Blick auf Isabelles leeres Bett fiel. Auf dem Kopfkissen lag ein Buch über die Geschichten vom Birkenhof, das Isabelle in der Bücherei ausgeliehen hatte. Plötzlich kam Silke ein Gedanke. Wohin hätte Isabelle anders gehen können, als auf den Birkenhof!

Blitzartig zog sie sich an, huschte aus dem Zimmer und klopfte leise an Camillos Zimmertür. »Camillo, bist du schon wach?« Als keine Antwort kam,versuchte sie es mit heftigerem Klopfen. Endlich ging die Tür auf. »Was willst du denn schon so früh am Morgen, Silke?« fragte Camillo verschlafen. »Zieh dich schnell an!« flüsterte Silke. »Ich glaube, ich weiß, wo Isabelle ist!« »Wie bitte?« Camillo schaute sie verwundert an. »Während wir uns hier die größten Sorgen machen, sitzt sie bestimmt wohlbehalten zu Hause auf dem Birkenhof!« erklärte Silke. »Aber da hätte sie doch garantiert angerufen!« meinte Camillo zweifelnd. »Wie sollte sie denn?« gab Silke zurück. »Auf dem Birkenhof gibt es doch noch kein Telefon!« »Mensch – dann aber nichts wie los!« rief Camillo aufgeregt. »Hoffentlich hast du recht! Sattelst du schon die Pferde? Ich ziehe mich solange an!« »Ist gut!« Rasch lief Silke die Treppe hinunter. Die Sorgen um Isabelle hatten ihre Eifersucht gänzlich vertrieben.In Windeseile sattelte sie Paloma und führte das Pferd aus dem Stall. Gerade als sie zum Stall zurückkehren wollte, um Miranda ebenfalls zu satteln, lief ihr plötzlich Melli über den

Weg. Sie führte Paradeia am Zügel. »Wohin reitest du?« fragte Melli überrascht. »Zum Birkenhof!« keuchte Silke. »Ich will Isabelle abholen! Vielleicht ist Gusti auch dort!« »Du, ich hatte soeben dieselbe Idee!« rief Melli überrascht und bestieg flink ihr Pferd. »Ich reite mit dir! Brauchst du noch etwas aus dem Stall?« »Ja, ich muß Miranda holen!« rief Silke im Davoneilen. »Camillo geht auch mit!«

Wie immer hatte Silke große Schwierigkeiten mit der Araberstute. Da das Tier ständig nach ihr schnappen wollte, rief sie Melli zu Hilfe. »Du mußt bei ihr ausgesprochen energisch sein!« belehrte Melli ihre Freundin. »Ich kenne diese Sorte von Pferden! Paradeia ist auch so ein Querkopf!« Sie nahm Silke das Zaumzeug aus der Hand und legte es dem Pferd mit geschickten Händen an. Schnell wuchtete Silke den Sattel auf den Rücken des Tieres und schloß den Sattelgurt. Da kam auch schon Camillo. Ohne viel Gerede saßen die drei jungen Leute auf und ritten gespannt Richtung Birkenhof. Alle Feldwege waren noch naß. Schwer atmete die Erde und ließ kleine weiße Nebelschwaden aufsteigen. Die Tropfen, die sich in den Gräsern und Zweigen gefangen hatten, glitzerten wie Diamanten in der Morgensonne. Aus der Ferne klangen leise Kirchenglokken, deren Schall der Wind über die Wiesen trug, um die erwachende Welt zu erinnern, daß es Sonntag war. Munter trabten die drei Pferde vorwärts. Leuchtende Blumen, über die Wiesen verstreut, verliehen dem Tag ein herrliches Gesicht.

Plötzlich ertönte Hundegebell. Melli, die an der Spitze ritt, hielt ihre Stute an. Aus dem hohen Gras sprang ein schwarzer Schäferhund heraus und sprang freudig bellend an Melli hoch. »Carachino! Jetzt sag bloß, wo . . .« Sie brauchte gar nicht weiterzusprechen, denn gleich hinter dem Hund tauchten zwei Personen mit Blumensträußen in der Hand auf. »Gusti! Isabelle!« Blind vor Freude sprang Melli von ihrem Pferd herunter, rannte auf die beiden zu und schloß Gusti erleichtert in die Arme. Camillo und Silke warfen sich vielsagende Blicke zu, stiegen ebenfalls ab und begrüßten die beiden Vermißten, als wären sie jahrelang fortgewesen. »Jetzt sagt mir bloß, wo habt ihr denn die ganze Nacht gesteckt?« fragte Melli schließlich. »Eigentlich war ja alles meine Schuld!« begann Isabelle beschämt. »Ich hatte mit Carachino einen Spaziergang durchs Moor gemacht und wollte den Hund meinen Eltern vorstellen. Gerade als ich wieder losziehen wollte, fing das Gewitter an. Ich habe mich dann nicht mehr zurückgetraut. Meine Eltern meinten auch, ich sollte bleiben!« »Das war auch sehr vernünftig von ihnen!« bestätigte Gusti. »Wer weiß, was dir hätte zustoßen können! Die Fahrwege waren ja durch umgestürzte Bäume ebenfalls unpassierbar, so daß dir keine andere Möglichkeit blieb, als auf dem Birkenhof zu übernachten!

Und ich – ich hätte vermutlich nicht dieses sonderbare Erlebnis gehabt!« Er griff in seine Tasche und zog Camillos Hufkratzer heraus. »Oh, mein Hufkratzer!« rief Camillo überrascht und nahm das Stück Eisen glücklich in Empfang. »Vielen Dank, daß du ihn gefunden hast, Gusti!« »Ich muß eigentlich dir danken, daß du ihn verloren hast, Camillo!« fuhr Gusti mit ernstem Gesicht fort. »Durch deinen Hufkratzer bin ich gerettet worden!« »Wie bitte?« Camillo verstand nicht recht. Gusti holte tief Luft und strich sich seine wirren Locken zurecht. »Gestern morgen hat mir Chino diesen Hufkratzer im Maul angeschleppt!« berichtete er nachdenklich. »Zunächst habe ich mich über dich geärgert, weil du so nachlässig mit deinen Sachen umgehst. Hufkratzer darf man schließlich nie am Boden herumliegen lassen! So habe ich mir gedacht, daß ich ihn dir erst wiedergebe, wenn du selbst den Verlust bemerken würdest. Als du dann bis zum Abend immer noch nichts gesagt hattest, wurde ich erst recht wütend auf dich und den frommen Spruch. Sicherlich kannst du dich noch an das erinnern, was ich zu dir gesagt habe!« Camillo wurde rot bis hinter die Ohren und nickte. »Ich passe in Zukunft bestimmt mehr auf meinen Hufkratzer auf!« versicherte er.

Gusti wehrte jedoch ab. »Laß mich erst ausreden, Camillo!« Er schaute in die Runde. »Camillo und Silke, ihr wißt doch noch, daß ich euch dann nach Hause geschickt habe und selbst ins Birkenmoor geritten bin. Dort habe ich mich richtig verlaufen und wußte schließlich keinen Ausweg mehr. Genau in der Situation fiel mir dieser Hufkratzer wieder ein – und der Spruch, der darauf steht. Seither ist für mich alles neu geworden!« »Gusti, ist das wahr?« rief Melli überrascht. »Glaubst du . . .« ». . . an Jesus Christus, der aus der Not erretten kann!« ergänzte Gusti. »Aber sag mal, wie ist denn das zugegangen?« wollte Silke wissen. »Als ich gar nicht mehr konnte, habe ich gebetet!« sagte Gusti.»Kurz darauf tauchte plötzlich Carachino bei mir auf und zeigte mir den Weg zum Birkenhof, wo ich dann die Nacht verbracht habe!« »Chino lag die ganze Zeit über brav bei uns im Wohnzimmer!« berichtete Isabelle. »Und auf einmal wurde er unruhig und wollte unbedingt hinaus! Das muß Gottes Führung gewesen sein!«

Während Gusti bei Melli aufsaß, bot Camillo der kleinen Isabelle einen Platz auf Miranda an. Nachdenklich bestieg nun auch Silke ihr Pferd. Sollte an der Sache mit dem Glauben doch etwas dran sein?

Im Sattel des »Wunderpferdes«

Mit viel Jubel und großem Hallo wurden die Heimkehrer auf dem Wiesengrund empfangen. Der Tag lud ein zum Feiern. Das Gewitter der vergangenen Nacht hatte so gut wie keine Spuren hinterlassen. Zu Ehren der beiden »Ausreißer« wurde ein Fest gefeiert, bei dem es an Kuchen, Eiscreme und Musik nicht fehlen sollte. All die trüben Gedanken der vergangenen Nacht gingen im Freudenjubel unter. Müde fielen Silke, Camillo und all die anderen Lagerteilnehmer am Abend ins Bett, nachdem sie den ganzen Tag gelacht, gespielt und getanzt hatten.

»Bin mit meinem Vater nach Hause gefahren. Gruß, Camillo.« Entsetzt las Silke am Morgen die Nachricht, die Camillo an seiner Zimmertür hinterlassen hatte. Sie konnte nicht verstehen, warum er so plötzlich abgereist war. Den anderen Lagerteilnehmern war Camillos Fehlen bis zur Reitstunde noch gar nicht aufgefallen, da er das Frühstück schon öfters verschlafen hatte. Während die jungen Leute ihre Pferde sattelten, bemerkte Dani plötzlich, daß das Wunderpferd nach zehn Minuten immer noch verwaist war. »Camillo kommt mal wieder zu spät!« stellte sie fest. »Er müßte einmal zur Strafe das Pferd mit mir tauschen! Moritz wäre doch eine gute Partie für ihn!« Die anderen Mädchen mußten lachen, nur Silke sagte traurig: »Camillo wird heute nicht zu spät kommen, weil er überhaupt nicht kommt!« »Was? Warum kommt er nicht?« fragte Dani verständnislos. »Keine Ahnung! Sein Vater hat ihn abgeholt!«

Silkes Worte hinterließen lange Gesichter bei den Mädchen, nur Conny grinste vielsagend. »Natürlich! Demnächst ist doch das große Konzert in Ketterach, das mein Vater wieder dirigieren wird! Camillo mußte höchstwahrscheinlich zur Orchesterprobe! Soll ich meinen Vater bitten, daß er uns Karten schickt?« »Au fein, Conny, das mußt du machen!« rief Silke begeistert. »Sicher wird es eine großartige Sache!« »Zuerst wird aber geritten!« sagte Susi mit Nachdruck. »Vergeßt vor lauter Mozart und Beethoven die Pferde nicht!«

Die komplizierten Hindernisse, die Paloma mühelos überflog, erinnerten Silke wieder an das Versprechen, das sie Camillo auf dem Ausritt gegeben hatte. Noch am selben Nachmittag nahm sie sich vor, Miranda für das Springtraining zu satteln. Seit Camillos Abreise war das sonst so begehrte Pferd für die Mädchen uninteressant geworden. Selbst Dani riß sich nicht mehr um die Stute, denn sie hatte erkannt, daß ihr Pony wirklich leichter zu reiten war. Nur eine wollte mit der Sache nicht einverstanden sein: Miranda! Sobald sich Silke dem Pferd näherte, wurde es wütend und schnappte nach ihr. »Warum magst du mich nicht, Miranda?« fragte sie und versuchte, die Stute mit einem Zuckerstückchen zu locken. Das Pferd legte jedoch die Ohren an und keilte aus. Alles Zureden hatte keinen Zweck. »Na schön, dann versuchen wir es eben auf andere Art!« sagte Silke streng und ergriff mutig den Kopf des Pferdes, um es aufzutrensen. »Wenn Melli mit Paradeia fertig wird, werde ich dich auch kleinkriegen, du störrischer Gaul!« Mit einer Selbstsicherheit, die sie Melli abgeschaut hatte, sattelte sie die schöne Stute. Jetzt, nachdem Melli ihr gezeigt hatte, wie man mit so einem eigensinnigen Pferd umgehen mußte, spielte für Silke das ganze Gerede vom »sensiblen Wunderpferd« keine Rolle mehr, und es kränkte sie auch nicht, wenn Miranda nach ihr schnappte.

Gusti hatte an diesem Nachmittag keine Zeit, um mit Silke zu trainieren. Dafür hatte sein Bruder bereitwillig zugesagt. Als Silke das »Wunderpferd« aus dem Stall führte, wartete Chris bereits auf dem Springplatz. »Alles klar, Silke?« »Ja, alles klar. Versuchen wir's!« Fröhlich gingen die beiden ans Werk. Es kostete einiges an Mühe und Geduld, bis sie die Stute so weit gebracht hatten, daß sie wenigstens über die Bodenricks ging. Ausgepumpt stieg Silke schließlich aus dem Sattel und übergab das Pferd an Chris, damit er den ersten Sprung über ein höheres Hindernis ausführen konnte. »Bravo, Silke! Das war schon ganz großartig!« lobte Chris das Mädchen. Geschmeidig wie eine Katze bestieg er das Pferd, klopfte ihm den Hals und ritt los. Ohne den geringsten Ausbruchsversuch überwand Miranda unter dem erfahrenen Reiter das Hindernis. »So gut sollte man reiten können!« dachte Silke sehnsüchtig, während sie Pferd und Reiter mit den Augen verfolgte. Nach ein paar Sprüngen ließ Chris die Zügel aus der Hand kauen, lobte das Pferd und kehrte zu Silke zurück. »So, das wäre genug für Miranda! Reit sie noch ein wenig trocken! Vielleicht können wir morgen wieder mit ihr üben!« Mit einem herzlichen Dankeschön nahm ihm Silke das Pferd wieder ab. Mit hingegebenem Zügel ließ sie Miranda auf dem Feldweg dahintrotten.

Auf einmal kam ihr ein Gedanke. Sollte sie Camillo vielleicht schreiben? Wie Conny gesagt hatte, würde er vermutlich vor dem Konzert nicht mehr nach Wiesengrund kommen, und das Konzert fand erst in einer Woche statt! Sicherlich würde sich Camillo über einen Bericht über Mirandas Springerfolge freuen! Nahe am Wald hielt Silke an einer kleinen Blockhütte an. Hier hatte sie ihre Ruhe. Wenn sie allein sein wollte, ritt sie stets zu dieser Hütte, in deren Innerem sie auch Papier und Schreibzeug aufbewahrte. Silke setzte sich ans Fenster und blickte gedankenverloren zu Miranda hinaus, die friedlich Grashalme abrupfte. Wie schön die Stute doch war! Wieder fiel Silke der verträumte Ausdruck ihrer Augen auf, der sie an den Tag erinnerte, an dem sie Camillo zum ersten Mal gegenübergestanden hatte. Camillos Augen hatten sie damals gefesselt! Als es irgendwo im Gehölz knackte und Miranda erschrocken zusammenzuckte, wurde Silkes Erinnerung an Camillo erst recht wach. Schmunzelnd begann sie zu schreiben:

Lieber Camillo!

Ich sitze hier in meiner Hütte am Waldrand. Um mich herum ist alles still. Nur ab und zu höre ich das Scharren von Mirandas Hufen. Es war traumhaft, auf ihr zu reiten. Ich mußte dabei die ganze Zeit an Dich denken. Was machst Du gerade? Ich würde mich unheimlich freuen, wenn Du bald wieder zu uns kommen könntest. Es ist so langweilig ohne Dich! Außerdem habe ich immer noch Probleme mit Miranda, die ich ohne Dich nie bewältigen kann. Es gibt überhaupt vieles,was wir bereden sollten. Wenn ich nur an die Sache mit dem Glauben denke...

Mirandas plötzliches Schnauben ließ sie aus dem Fenster schauen. In der Ferne tauchte ein schwarzer Punkt auf, der immer größer wurde. Erschrocken sprang Silke auf. Ein schwarzes Pferd! Das konnte nur Paradeia sein! Melli hatte ihre Stute am Morgen auf die Koppel gebracht. Offensichtlich war sie ausgebrochen.Nun galt es aber schnell zu handeln! Die Rappstute haßte Schimmel über alles und war in ihrer Wut zu allem fähig. Achtlos ließ Silke den Brief in der Hütte liegen, eilte hinaus, machte Miranda los und saß auf. Gehorsam galoppierte die graue Stute an. Silke brauchte gar nicht viel zu treiben, denn das schnelle Tier legte von selbst zu und verfiel in einen rasenden Galopp. Die schwarze Verfolgerin gab sich jedoch nicht so schnell geschlagen und wurde ebenfalls schneller. Bei einem kurzen Blick zurück erkannte Silke, daß sich der Abstand zwischen den beiden Pferden verkleinert hatte. »Lauf Miranda! Zeig was du kannst!« brüllte Silke, doch das Pferd dachte auch ohne Worte noch lange nicht ans Aufgeben. Mit der dem Araber eigenen Ausdauer fegte Miranda über die Weite dahin. Der riesige Warmblüter konnte bei Mirandas Tempo allmählich nicht mehr mithalten. Der Abstand wurde wieder größer. Als Silke nach ein paar Minuten nochmals zurückschaute, war Paradeia nicht mehr da. Miranda hatte sie abgeschüttelt! Aufatmend parierte Silke das Wunderpferd durch und lobte es, wobei ihr vor Erleichterung und Freude fast die Tränen kamen. Immer wieder sah sich Silke vorsichtshalber um, während sie im Schritt nach Hause ritt, aber von Paradeia war keine Spur mehr zu sehen.

Mit offenem Mund hörten sich die anderen Lagergäste Silkes Erlebnis an, als sie am späten Nachmittag vom Freibad zurückkamen. Als Silke nach dem Abendbrot mit Isabelle, Heidi und Sorry noch einmal hinausging, stellte sie verwundert fest, daß Paradeia schon wieder im Stall stand. Melli war gerade dabei, die über und über schmutzige Stute mit dem Striegel vom Dreck zu befreien. »Jetzt sag mir nur, Melli, wo hast du sie gefunden?« fragte Silke. »Gusti hat sie gefunden!« berichtete Melli. »Anscheinend stand mein ›Lämmchen‹ total erledigt neben der Blockhütte, als ob sie darauf warten würde, daß jemand sie abholt! Ich hoffe, daß Paradeia eine Lehre daraus gezogen hat!«

In den kommenden Tagen verbrachte Silke fast jeden Nachmittag mit der Grauschimmelstute, die sich als »Wunderpferd« bewährt hatte. Das Springen klappte von Tag zu Tag besser, zumal Chris ein guter Lehrer war, der keine Fehler durchgehen ließ. Aber schon nach vier Tagen mußte Silke das Springtraining allein durchziehen. Christians Freundin Luise war gekommen, und Chris hatte für Silke keine Zeit mehr. Dennoch gab Silke nicht auf und übte weiter.

Miranda zeigte sich an diesem Tag nicht gerade sehr springfreudig, so daß es Silke bei einigen wenigen Sprüngen beließ und dafür einen ausgiebigen Geländeritt mit ihr unternahm. Als sie ins Haus zurückkehrte, hielt ihr ihre Mutter einen Brief entgegen, der an sie adressiert war. Seltsam, es stand kein Absender darauf! Die Briefmarke trug den Stempel von Ketterach. Neugierig öffnete Silke den Brief, der sich ziemlich schwer anfühlte. Als erstes fiel ihr ein handgeschriebenes Notenblatt in die Hände, offensichtlich ein Klavierstück, das den Titel »Miranda« trug. Außerdem glitten ihr zehn Eintrittskarten für das Ketteracher Konzerthaus entgegen. Was hatte das zu bedeuten? Ach, da war ja noch ein Zettel! Silke faltete ihn auf. Gespannt las sie die Zeilen, die in Camillos unverwechselbarer Handschrift geschrieben waren:

Liebe Silke!

Ich habe Dich nicht vergessen. In meinem Geigenkasten liegt mein Hufkratzer, der mich immer ans Reitlager, an Miranda, Carachino und natürlich auch an Dich erinnern soll. Ich finde es super, daß du mit Miranda trainierst. So kommt das Wunderpferd nicht aus der Übung. Du bist übrigens die erste, die das beiliegende Lied spielen darf. In Deinem Brief fragst Du mich, wann ich wiederkomme. Das ist ganz einfach zu beantworten. Gleich nach dem Konzert in Ketterach ziehe ich wieder die Reithosen an und kreuze auf Wiesengrund auf. Die zehn Konzertkarten kannst Du an Interessierte verteilen. Ich würde mich riesig freuen, wenn Du kommen könntest. Hat sich der Bibelkreis inzwischen wieder einmal getroffen? Heute morgen habe ich einen Vers gelesen, den ich Dir unbedingt schreiben möchte. Er steht im zweiten Korintherbrief, Kapitel fünf, Vers siebzehn: »Ist jemand in Christus, so ist er eine neue Kreatur; das Alte ist vergangen, siehe, es ist alles neu geworden!« Mein größter Wunsch wäre, daß auch Du dieses neue Leben mit Jesus erfahren könntest.

Es grüßt Dich herzlich Dein Camillo.

PS: Grüß auch alle anderen von mir, besonders Isabelle, Gusti, Melli, Miranda, Chino und das Moorgespenst!

Silke machte vor Freude einen Luftsprung und eilte gleich ans Klavier, um das Stück zu spielen. Das Lied klang unsagbar romantisch. Als sie den Brief nochmals durchlas, fiel ihr ein sonderbarer Satz auf: »In deinem Brief fragst du mich . . .« Woher wußte Camillo von diesem Brief? Sie hatte ihn doch in der Blockhütte liegengelassen! Hatte etwa Gusti, dieser Schlingel, den Brief abgeschickt?

Konzert mit Hindernissen

Der große Kastanienbaum bewährte sich einige Tage später als Litfaßsäule, als Silke mit einem selbstgemachten Plakat auf das Konzert in Ketterach aufmerksam machte. Überraschenderweise erklärte sich fast das ganze Lager bereit, zum Konzert zu fahren. Conny hatte bei ihrem Vater noch weitere Karten beantragt, so daß sie für alle Interessierten reichten. Vor dem Konzert wollten die jungen Leute noch einen Stadtbummel durch Ketterach unternehmen. Schwatzend bereiteten sie sich auf das große Ereignis vor. Conny führte das große Wort, da sie sich in Sachen Konzert bestens auskannte. »Ihr müßt ins Konzert unbedingt etwas ganz Besonderes anziehen, zum Beispiel einen langen Rock!« »Ich habe aber keinen langen Rock!« klagte Claudia. »Ich auch nicht!« sagte Susi lachend. »Mozart und Beethoven werden auch nichts dagegen haben, wenn ich nur in Jeans komme!« »Also, wenn du nur in Jeans kommst, werfen sie dich garantiert hinaus!« rief Heidi kichernd. »Eine Bluse dazu könnte auch nicht schaden!«

Die Autofahrer warteten bereits ungeduldig auf ein paar Mädchen, die anscheinend die Zeit gepachtet hatten. Conny war immer noch dabei, den Saum ihres Rockes hochzunähen, Claudia und Sorry kamen nicht vom Spiegel weg, und Silke suchte verzweifelt ihr Bett nach Camillos Brief ab. Von Zeit zu Zeit ertönte ein Hupkonzert im Hof. Als endlich die letzten Unklarheiten beseitigt und die vier Wagen gestartet waren, stellte Silke entsetzt fest, daß sie noch ihre Hausschuhe anhatte. Susi und Isabelle, die mit ihr auf dem Rücksitz des Wagens saßen, lachten sich fast kaputt. »Was habt ihr denn?« fragte Gusti, der den Wagen steuerte. »Wir haben ein Problem!« sagte Susi. »Du hast doch sicher ein Paar Reitstiefel im Auto. Könntest du sie nicht Silke leihen? Sie würden viel besser zu dem langen Rock passen als die ausgetretenen Hausschuhe!«

Gusti zögerte keinen Moment, wendete den Wagen und fuhr zum Wiesengrund zurück. Eilig lief Silke ins Haus und holte ihre Schuhe.

Als sie zum Auto zurückrannte, fiel sie über Chinos Kette und landete in einer Pfütze. Der Hund sah das als ein neues Spiel an und warf sich bellend auf Silke, die vor Entsetzen laut aufschrie. »Beethoven ist baden gegangen!« meinte Susi grinsend. Silke stieg in ihrem langen Rock wie eine nasse Vogelscheuche aus der Dreckbrühe. »Jetzt kann ich nicht mehr ins Konzert!« rief sie weinend. »Ich muß mich umziehen und meine Haare waschen!« Susi lachte schadenfroh.»Schrecklich! Jetzt muß der arme Camillo ohne seinen größten Fan auskommen!« Gusti drehte sich kurz um und schaute Susi mit strafendem Blick an, worauf diese sofort den Mund hielt. Nachdem er kurz überlegt hatte, wie er die Sache lösen könnte, wandte er sich an Melli, die neben ihm saß. »Melli, du könntest doch mit Susi und Isabelle gleich losfahren. Ich komme mit Silke dann mit dem Lieferwagen nach!«

Wie eine halbe Ewigkeit kam es Silke vor, bis sie endlich wieder sauber war und sich umgezogen hatte. Den langen Rock konnte sie jetzt natürlich vergessen. Sicher würde sie zu spät kommen und dann schon wieder nicht mehr richtig dazugehören! Außerdem, was würde Camillo sagen? Sicher würde er denken, sie nähme das Ganze gar nicht so ernst wie die anderen. Dabei hatte sie sich doch am meisten auf das Konzert gefreut! In der Hoffnung, daß doch noch alles gut werden könne, lief Silke noch mit nassen Haaren auf den Hof hinaus, wo Gusti geduldig auf sie wartete. Der junge Mann hatte seinen Chino von der Kette losgemacht, lag neben ihm im Gras und erzählte ihm eine Geschichte. Als Chino Silke kommen hörte, sprang er auf und bellte. Schnell ergriff Gusti den Hund am Schwanz, um ein neues Unglück zu verhindern, worauf sich Chino sofort umdrehte und auf ihn losging. »Na, bist du wieder sauber?« fragte er grinsend. »Alles klar! Wir können gleich gehen!«

Gusti sprang auf und lief zum Lieferwagen. »Ab die Post!

Jetzt fahren wir mit vollen Segeln! Du wirst sehen, wir sind noch vor den andern in Ketterach!« Kurz nachdem sie den Wagen angelassen hatten, hörten sie einen dumpfen Schlag auf der Ladefläche. Silke schaute durch das kleine Fenster nach hinten und lachte. »Wir haben einen blinden Passagier an Bord! Chino ist aufgesprungen!« »Ach, du liebe Zeit! Was machen wir denn mit dem im Konzerthaus?« Gusti schmunzelte. »Am liebsten würde ich ihn ja mit hineinnehmen und in gegebenem Augenblick loslassen. Das haben die dort bestimmt noch nie erlebt!« »Das läßt du aber fein bleiben, Stallknecht!« drohte Silke und tat so, als wollte sie auf Gusti losgehen. Plötzlich knallte es. Der Wagen geriet ins Schleudern. Gusti riß das Lenkrad herum und hielt an.

»So ein Mist! Jetzt haben wir einen Platten! Silke, es tut mir schrecklich leid, aber wie konntest du auch so dumm sein und mit Gustav Schmitt fahren? Wir sind heute die Pechvögel vom Dienst!« Silke nickte. »Kriegst du das wieder hin?« fragte sie besorgt. »Klar doch!« Gusti stieg aus und machte sich gleich daran, das Rad zu wechseln. Ungeduldig schaute Silke zu. »Brauchst du noch lange?« »Wart's ab!« Grinsend kroch Gusti unter dem Lieferwagen hervor. Sein Gesicht war ganz schwarz. »Ich bin das Moorgespenst! Gib mir mal den Schraubenschlüssel her!« Silke gehorchte widerwillig. Jetzt, da sie endlich sauber war, mußte sie sich schon wieder schmutzig machen. Wortlos reichte sie Gustav das Werkzeug. Dieser hielt bei seiner Arbeit inne und versuchte, sie aufzumuntern. »Nicht den Kopf hängen lassen, Silke! Wir gehen zu Camillo, koste es, was es wolle! Wir kehren nicht um, das verspreche ich dir. Mach dir keine Sorgen wegen des bißchen Schmutzes! Wenn die im Konzerthaus unsere Karten sehen, ist es denen doch völlig egal, ob wir wie Könige oder wie Landstreicher aussehen!« Silke faßte neuen Mut und half Gusti nun beim Montieren, obwohl es inzwischen auch noch zu regnen angefangen hatte. Schließlich hatte sie die ganze Sache mit dem Konzert gerade Gusti zu verdanken, der in seiner sorgfältigen und aufmerksamen Art den im nachhinein so wichtigen Brief aus der Blockhütte abgesandt hatte. Überhaupt wunderte sie sich immer mehr über den früher so jähzornigen Pferdeknecht, der neuerdings richtig nett und hilfsbereit sein konnte.

Mit geschickten Händen montierte er das Ersatzrad an den Lieferwagen. Endlich hatten sie es geschafft und konnten ihre Fahrt fortsetzen. Carachino nahm diesmal im Führerhaus Platz und sprang mit seinen schmutzigen Pfoten ständig an Silke hoch. Als sie das Konzerthaus erreichten, regnete es in Strömen. Alle Parkplätze waren bereits besetzt und die Türen des Konzerthauses geschlossen. Offensichtlich hatte das Konzert schon begonnen. Gusti stellte den Wagen mitten im Parkverbot ab. »Komm, Silke, hier lassen wir ihn stehen. Jetzt gehen wir ins Konzert! Den Strafzettel ist es uns wert!« Lächelnd versetzte er Silke einen leichten Klaps. Carachino wollte sich ihnen gleich anschließen. Nur mit Mühe konnten sie ihn wieder ins Führerhaus befördern, wo Gusti ihn einschloß. Schnell überquerten sie die Straße und liefen zum Eingang. Der Kassierer betrachtete die Karten der beiden zu spät kommenden Schmutzfinken. »Eigentlich darf ich Sie nach Konzertbeginn gar nicht mehr hereinlassen, aber ich sehe, Sie haben Ehrenkarten, da mache ich mal eine Ausnahme«, sagte er und öffnete die Tür zum Konzertsaal. Mozart war bereits in vollem Gange. Das Ketteracher Orchester spielte sagenhaft. Mit rhythmisch, geschmeidigen Bewegungen dirigierte Connys Vater das Orchester. Aber wo unter den vielen Geigern war Camillo? Silke brauchte lange, bis sie ihn endlich entdeckt hatte. Zwei Reihen vor ihr saßen die schick gekleideten Lagerteilnehmer, unter denen Isabelle in ihrem blauen Rüschenkleid wie eine Prinzessin hervorstach. Silke warf einen Blick auf ihr eigenes Kleid, auf dem Chinos Pfotenabdrücke deutlich zu erkennen waren. Was würde Camillo nur denken?

Tosender Applaus erfüllte den Saal, als das Stück zu Ende war. In der Pause gesellte sich Silke zu den anderen, die bei ihrem Anblick schallend lachten. »Wolltest du dich nicht waschen?« rief Susi entzückt. »Anscheinend hast du das Badezimmer mit dem Birkenmoor verwechselt! Ja, ja, so geht es eben, wenn man zu viel mit Gusti flirtet!« »Ach, laß sie doch in Ruhe!« wies Isabelle sie zurecht. »Sie kann bestimmt nichts dafür!« Silke erzählte den anderen von ihrem Pech, worauf diese vom Eisessen in der Stadt schwärmten. Die Glocke läutete, und alle kehrten an ihre Plätze zurück. Da! Camillo spielte jetzt als Solist! Er war ganz in sein Geigenspiel versunken. Seine Augen hatten einen sanften, weltfremden Schimmer. Silke betrachtete ihn hingerissen. Was war er nur für ein besonderer Mensch? Bei dem Gedanken, daß sie ihn vor einigen Tagen bereits hatte aufgeben wollen, ärgerte sie sich über sich selbst. Wie dumm war sie nur gewesen!

Viel zu früh war nach Silkes Ansicht das Programm zu Ende. Camillo gab noch zwei Zugaben, dann verschwand das Orchester hinter dem Vorhang. »Endlich!« rief Dani erlöst. »Das war ja stinkelangweilig!« Die anderen Mädchen aus ihrem Zimmer sowie Silke und Isabelle schienen anderer Meinung zu sein. Schnell liefen sie nach vorne, wo Camillo gerade die Bühne verließ. »Camillo, du warst großartig!« rief Silke und schüttelte ihm die Hand. »Vielen herzlichen Dank, daß du uns die Karten geschickt hast!« »Das war doch selbstverständlich, Silke! Aber – was ist denn mit dir passiert? Hast du das Moorgespenst mitgebracht?« Silke lachte und rief triumphierend: »Nein, aber Carachino! Er wartet draußen im Lieferwagen auf dich!« »Super!« Camillo rieb sich die Hände. »Dann will ich auch mit dem Lieferwagen zurückfahren!«

Der Regen hatte längst wieder aufgehört. Von fünf Mädchen umringt schritt Camillo zu dem roten Lieferwagen, an dessen Scheibenwischer ein dicker Strafzettel prangte. »Wißt ihr was?« rief Camillo. »Wir legen das Geld zusammen und zahlen den Strafzettel für Gusti! Dafür wollen wir aber alle auf der Ladefläche mitfahren! Begeistert erklommen die Jugendlichen die Ladefläche. Als Gusti nach seiner Rückkehr auch noch Carachino zu ihnen ließ, fiel Silke in ihren schmutzigen Kleidern nicht mehr auf. Jetzt war es allen egal, wie sie aussahen. Hauptsache, die Fahrt machte Spaß!

Unterwegs

Silke und Isabelle unterhielten sich im Bett noch lange über das Konzert und die lustige Heimfahrt mit sechs Jugendlichen, einem Hund und einem Geigenkasten auf der Ladefläche des kleinen Lieferwagens. Vor lauter Begeisterung konnte Silke kaum einschlafen. Der rätselhafte Junge war wieder da! Verträumt betrachtete sie das Plakat über ihrem Bett, auf dem Camillo mit der Geige abgebildet war. Nach dem Konzert hatte sie den Hausmeister des Konzerthauses so lange bearbeitet, bis er es aus dem Schaukasten genommen und ihr geschenkt hatte. Nun hing es neben den Fotos von Paloma und Miranda. Wie sehr hatten sie Conny, Dani und die andern aus dem Lager um das Poster beneidet! Aber nur sie besaß dieses von Camillo unterschriebene »Wertpapier« und fühlte sich trotz des beinah verkorksten Abends pudelwohl.

Der nächste Morgen verstärkte ihre Freude noch mehr, denn Gusti überraschte die jungen Leute mit der Ankündigung eines Ausritts mit Übernachtung im Freien. Kurz nach dem Frühstück trafen sich die Reiter im Stall wieder. Sorry und Heidi machten wie immer einen Wettbewerb im Pferdesatteln gegen die Jungen. Sorry jammerte, weil sie sich einen Fingernagel abgebrochen hatte, und Heidi gab vor Jan mit ihrem neuen Parfüm an, was diesen aber nicht zu beeindrucken schien. Um Kathrine zu ärgern, hatte Susi Vinilas Schweif zu einem dicken Zopf geflochten. Conny stand stolz neben ihrer Pallas, denn sie hatte ihr Pferd heute zum ersten Mal allein gesattelt. Claudia sang fröhlich einen aktuellen Schlager und striegelte im Takt dazu die braune Dunja. Mit geheimnisvoller Miene erzählte Isabelle der kleinen Gundi vom Moorgespenst. Ärgerlich sattelte Dani ihr Pony. Viel lieber wäre sie an diesem Tag neben Camillo geritten. Dieser »Ehrenplatz« in der Abteilung war heute jedoch schon Silke zugesprochen worden.

So wie zufällig schaute Silke im Vorbeigehen in Mirandas Box hinein. Miranda schmiegte ihren Kopf an Camillo, welcher glücklich zu Silke hinübersah. »Schau, Silke, wie lieb sie ist! Komm, du darfst sie auch streicheln!« Silke ließ sich das nicht zweimal sagen. Camillo setzte sich ins Stroh und beobachtete Silke und Miranda mit verträumtem Blick. »Sie hat sich tatsächlich nach mir gesehnt!« Silke drehte sich um und schwieg. »Was ist los, Silke?« fragte Camillo und hielt den Kopf schief. »Ich habe mich auch nach dir gesehnt!« antwortete sie leise. »Immer wieder mußte ich dein Lied spielen!« »Gefällt es dir?« »Es ist sagenhaft!« Ein Lächeln überzog ihr Gesicht. »Schöner könnte es gar nicht sein!« »Na ja, mein Vater meint, es sei zu . . .« Camillo brach plötzlich ab und ging zur Tür. »Die sind ja alle schon fertig! Silke, wir müssen uns beeilen! Wir sind die reinsten Schlafmützen!« Erschrocken ging Silke hinaus. »Oh, tatsächlich! Also, dann bis gleich, Camillo!«

Am lodernden Lagerfeuer saßen die Reiter versammelt. Viel zu schnell war der Tag vergangen. Es war ein herrlicher Ritt gewesen! Nun war Gusti wieder an der Reihe. Mit der gleichen Begeisterung, mit der er beim letzten Mal haarsträubende Gespenstergeschichten erzählt hatte, erzählte er den jungen Leuten diesmal eine spannende biblische Geschichte. Verträumt schaute Silke auf das Feuer, das gespenstische Schatten warf. Hier war es doch wunderschön! Sie betrachtete den funkelnden Sternenhimmel und lauschte dem Rauschen der Bäume im Wind. Irgendwo rief ein Käuzchen. Einige Grillen bildeten mit ihrem Gezirpe ein wahres Streichorchester. Das Scharren der Pferde, das leise Schnauben und Kauen untermalte die abendlichen Töne. Sehnlichst wünschte sich Silke ihr Klavier herbei, um ebenfalls in die Melodie des vergehenden Tages miteinzustimmen. Die Sonne hatte sich längst als glutroter Ball verabschiedet und das Feld dem Dunkel überlassen. Sanft strich Silke mit der Hand über das weiche Gras. Wie schön war es doch, zu leben! Und wie herrlich war es, in dieser phantastischen Moorlandschaft in Gemeinschaft mit Pferden und jungen Reitern zu sein. Aber alles würde einmal ein Ende haben! Eines Tages würde Camillo wieder abreisen und sie vielleicht vergessen. Irgend jemand stimmte plötzlich ein Lied an. Rasch schob Silke all die trüben Gedanken beiseite und sang kräftig mit. Diesen schönen Abend wollte sie sich nicht durch Grübeleien verderben lassen.

Es dämmerte schon leicht rosa am Horizont, als Silke aus ihrem Schlafsack herauskroch. Leise schlich sie zu den Pferden und begrüßte Paloma und Miranda, die nebeneinander ihren Platz hatten. Beide Pferde scharrten erfreut mit den Hufen. Während Silke die Pferde liebkoste, staunte sie über den wundervollen Sonnenaufgang an diesem Morgen. Immer mehr Wölkchen färbten sich rot. Das ganze Land gab diesen Schein wieder und begann zu glühen. Langsam schob sich der rote Ball empor und erschien hinter den schwarzen Tannen. Die Morgensonne sandte warme Strahlen aus. Ruhig setzte sich Silke den Pferden gegenüber. In den Ästen der alten Buchen über ihr trällerten einige Vögel ihr Morgenlied. Silke pfiff leise mit, hielt aber plötzlich inne, weil sie hinter sich Schritte hörte.

Es war Isabelle, die ebenfalls den Augenblick der aufgehenden Sonne genießen wollte. »Guten Morgen, Silke! Es ist doch einfach herrlich hier!« Silke nickte. »Ich glaube, das ist der Höhepunkt unseres Lagers! Irgendwie bin ich ein wenig traurig, weil alles so schnell vorbeigeht. Ich habe die leise Ahnung, daß es nie wieder so wird wie früher!« Isabelle setzte sich neben Silke und legte den Arm um Carachino, der dicht neben ihr saß. »Er wird mir auf dem Birkenhof sehr fehlen!« »Wer?« fragte Silke verblüfft. »Carachino natürlich! Ich glaube, ich muß öfters zu euch kommen und ihn entführen!« »Mir wird jemand anderes fehlen!« seufzte Silke. »Camillo?« »Ja, Camillo! Sicherlich wird er nie mehr Zeit haben, um nach Wiesengrund zu kommen. Was nützt mir dann das dumme Poster?« Silke hob einen dürren Zweig auf und warf ihn davon, worauf Chino sofort hochschnellte und den Zweig zurückbrachte. »Du kannst ihn doch ab und zu in Ketterach besuchen!« »Ach, das geht wohl nicht!« sagte Silke betrübt und warf den Zweig wieder fort. »Sein Vater kann mich nicht leiden!« »Schade!«

Isabelle stand auf und lief zu Chino, der gerade aufmerksam einem Hasen nachblickte. »Hiergeblieben, mein Lieber!« Flink ergriff sie ihn am Halsband und brachte ihn zurück.

Inzwischen regten sich auch die Langschläfer. Gusti hatte schon das Feuer zum Kaffeekochen entfacht. »Hallo, ihr Frühaufsteher! Ihr könntet mir hier ein bißchen helfen!« Silke und Isabelle wechselten einen Blick und gingen zur Kochstelle. Hei, machte das Spaß, den verschlafenen Typen das Frühstück ans »Bett« zu bringen! Die beiden Mädchen hatten alle Hände voll zu tun. »Soll ich das bekommen?« Verschlafen rieb sich Camillo die Augen, als Silke mit dem Frühstück vor ihm stand. »Klar, wer denn sonst?« »Vielen Dank, Frau Oberkellner! Das war aber sehr freundlich von Ihnen!« Schmunzelnd blinzelte Camillo gegen die Sonne. »Warte, ich helfe euch, dann können wir zusammen frühstücken!« bot er an und kroch aus seinem Schlafsack. Lachend eilte Silke mit ihm zum Feuer. Was konnte sie sich auch Schöneres wünschen? Isabelle rannte inzwischen von einem zum andern. Gerade als sie bei der schlafenden Melli angekommen war, stolperte sie über eine Wurzel und ließ vor Schreck einen Becher fallen. »Hilfe!« rief Melli entsetzt. »Das war aber ein heißer und feuchter Wecker! Jetzt brauche ich mich nicht mehr zu waschen!«

Bald saßen alle wieder im Sattel. Ein herrlicher Tag lag vor ihnen, die Weite der Wiesen und die Gemeinschaft mit Gleichgesinnten und Pferden. Gegen Mittag löste sich Silke plötzlich aus der Abteilung, wechselte zum Galopp über und trieb Paloma mit heftigem Schenkeldruck an. Auf der Stelle ließ Camillo Miranda ebenfalls angaloppieren und folgte Silke durch die Wiesen. Mit einem gewaltigen Sprung setzten Miranda und Paloma über den kleinen Bach, der sich im Sonnenlicht funkelnd, plätschernd seinen Weg bahnte. Tausende von Mükken zerstoben vor den schnaubenden Pferden nach links und rechts und gaben den Weg für die beiden Reiter frei. Ein Windstoß beugte mit unsichtbarer Macht die Spitzen der starren Halme der Gräser und ließ die Mähnen der Pferde wie Segel flattern. Eine kleine Wolke tauchte den am Horizont erscheinenden Wald in tiefes Schwarz, wich jedoch gleich wieder der Gewalt der hellen Sonnenstrahlen, die den rauschenden Bäumen ihr sattes Grün zurückverliehen.

Als die Reiter am Abend Wiesengrund erreichten, waren sie trotz Muskelkater betrübt, daß der Ritt schon ein Ende hatte. Lange saßen sie noch in kleinen Gruppen zusammen und redeten angeregt miteinander. Bis spät in die Nacht hinein vernahm Silke Stimmen aus den Zimmern. Als es endlich ruhig geworden war und sie gerade einschlafen wollte, hörte sie, wie ein Auto blitzschnell auf den Hof fuhr. Mit quietschenden Reifen hielt es vor dem Scheunentor. Ein Mann sprang heraus und polterte an die Tür. »Wo ist Camillo? Er muß sofort kommen!« Müde tappte Silke auf den Balkon. Was wollte Herr Randolph schon wieder von Camillo? »Machen Sie doch keinen solchen Lärm!« rief Silke. »Sie wecken das ganze Lager auf!« »Das ist mir völlig egal! Ich muß sofort Camillo sprechen!« Er schrie so laut, daß sich seine Stimme überschlug. Silke schüttelte verwundert den Kopf, ging ins Haus zurück und klopfte an Camillos Zimmertür. »Camillo, wach auf! Dein Vater ist da!« Verschlafen öffnete Camillo die Tür, schaute Silke fragend an und huschte wortlos an ihr vorbei die Treppe hinunter.

Silke ging auf ihren Balkon zurück. Kalt schien der Mond auf die Kastanienbäume. Ein scharfer Wind ließ die Blätter erzittern. Langsam näherte sich Camillo seinem Vater. Silke hörte, wie die beiden leise miteinander redeten, verstand aber bei dem starken Wind kein Wort. Die beiden bestiegen den Wagen, um dort ihre Unterhaltung fortzuführen. Ungeduldig wartete Silke das Ende des Gesprächs ab, da sie Camillo unbedingt fragen wollte, worum es eigentlich ging. Doch da! Die Lichter des Wagens leuchteten auf, der Motor sprang an, und das Auto verließ wie es gekommen war den Wiesengrund. Durch eine Fehlzündung gab es einen lauten Knall, bei dem auch die anderen Lagerteilnehmer erwachten und Carachino in ein wütendes Gebell ausbrach. Wohin ging nur die Reise für Camillo?

Wo ist Camillo?

Der Schreck saß Silke noch am nächsten Morgen in allen Gliedern. Keiner konnte sich vorstellen, was Herr Randolph in der Nacht mit Camillo vorgehabt hatte. Der Zwischenfall ließ Silke keine Ruhe, so daß sie gleich nach dem Frühstück ins Büro ging und Camillos Nummer wählte. Seltsam, es war niemand zu Hause. Nach zehn Minuten versuchte sie es wieder, aber ohne Erfolg. Als sich die jungen Leute zur Reitstunde richteten, blieb Silke vor Miranda stehen. Das graue Pferd kam ihr sogleich entgegen und bettelte. Bei seinem Anblick dachte Silke an den wundervollen Ausritt zurück. Irgendwie hatte sie doch da schon eine seltsame Vorahnung gehabt, als sei es das Ende gewesen. Aber warum nur? »Na, hat dich Miranda zur Salzsäule verwandelt?« fragte Gusti lachend, als er die völlig in Gedanken vertiefte Silke vor der Box stehen sah. Erschrocken drehte sich Silke um. »Hallo, Gusti! Du, ich möchte heute nicht mitreiten! Mir ist nicht gut!« Gustav nickte. »Geht in Ordnung, Silke. Ich kann dich gut verstehen. Mir ist es auch ein Rätsel, was mit Camillo geschehen ist. Ich würde dir vorschlagen, der Sache auf den Grund zu gehen!« Er klopfte Silke auf die Schulter und ging weiter. »Gute Idee!« murmelte Silke und verließ den Stall.

Der Himmel hatte sich in den Morgenstunden mit grauen Wolken überzogen und verlieh dem Tag ein trübes Gesicht. Eilig holte Silke ihre Jacke aus ihrem Zimmer. Kurz darauf befand sie sich auch schon auf dem Weg nach Moordorf, von wo aus sie mit dem Bus nach Ketterach fahren wollte. Vielleicht war Camillo doch zu Hause und hatte nur wegen der schalldichten Türen das Telefon nie gehört! Unterwegs fiel ihr ein, daß sie vergessen hatte, zu Hause eine Nachricht zu hinterlassen. Ihre Eltern hatte sie nirgends gesehen. Sollte sie noch einmal umkehren? Nein, wenn sie jetzt noch mehr Zeit vertrödelte, könnte es sein, daß sie den Bus verpaßte. Außerdem gab es in Ketterach auch Telefonzellen. Endlich hatte sie die Bushaltestelle erreicht. Silke kramte in ihrer Tasche und stellte entsetzt fest, daß sie ihr Portemonnaie vergessen hatte. So ein Mist! Nun blieb ihr doch nichts anderes übrig, als umzukehren.

Langsam trottete sie auf die andere Straßenseite hinüber, wo vor einer Gaststätte ein großes Bierauto mit der Aufschrift *Kleine-Bier, Ketterach* stand. Die Brauerei gehörte doch Claudias Eltern! Die Bierfahrer verluden soeben einige alte Fässer. Silke staunte über die Fässer, die so groß waren, daß man aufrecht darin stehen konnte. Für einen Moment vergaß sie ihr Vorhaben und kroch neugierig in ein Faß, um es von innen zu betrachten. Igitt, roch es da komisch! Wenn man es aber reinigen und mit einem Fenster versehen würde, ergäbe es ein herrliches Gartenhäuschen. Gerade wollte sie wieder herausschlüpfen, als sie bei der Unterhaltung der Bierfahrer mit dem Wirt den Namen »Randolph« aufschnappte. Mucksmäuschenstill lauschte Silke, was die Männer über Randolph wußten. »Es muß so gegen vier Uhr in der Nacht gewesen sein, als es passierte«, erzählte der Mann mit der Baßstimme. »Keiner weiß, warum es zu dem Unfall gekommen ist«, fügte der Fahrer mit der Brille hinzu. »War er denn betrunken?« fragte der Wirt. »Anscheinend nicht!« meinte der Baß. »Entweder war er beim Autofahren eingeschlafen, oder er war verrückt!« »Die meisten Musiker sind verrückt!« sagte der Wirt abfällig.»Besonders diese Ketteracher Sinfonieheinis! Die konnte ich noch nie leiden!« Der Bierfahrer verzog sich mit dem Wirt in den Keller, so daß Silke nichts mehr verstehen konnte.

»Schorsch, ich lade so lange die beiden Fässer auf, bis ihr mit der Abrechnung fertig seid!« rief ihm der Mann mit der Brille nach und kam genau auf das Faß zu, in dem Silke saß. In Gedanken war sie noch ganz bei dem, worüber die Männer gesprochen hatten, so daß sie gar nicht mehr dazu kam, sich zu melden. Plötzlich vernahm sie ein lautes Rumpeln, das Faß kippte um und begann zu rollen. Alles Rufen schien bei dem Lärm vergeblich zu sein. Schnell kauerte sie sich zusammen, damit sie nicht zu viele Schläge abbekam. Endlich, nach einer aufregenden Karussellfahrt, stand das Faß wieder still. Sollte sie jetzt laut rufen? Nein, es kam ihr eine andere Idee. Sicherlich fuhr das Bierauto nach Ketterach, wohin sie ohnehin wollte. Für den Bus hatte sie ja kein Geld, aber wie wäre es, als blinder Passagier in der Tonne zu reisen? Silke hörte, wie sich die Männer verabschiedeten. Die Wagentüren knallten zu. Der Dieselmotor sprang an. Du liebe Zeit, so holprig war ihr die Straße nach Ketterach noch nie vorgekommen! Immer wieder spürte sie die schrecklichen Schlaglöcher. Die Fahrt erschien ihr wie eine Ewigkeit. Unterwegs rätselte sie den Worten der Fahrer nach. Was hatte das alles zu bedeuten? War Camillo womöglich tot? Silke wagte den Gedanken gar nicht zu Ende zu denken. Plötzlich stoppte der Wagen. Hatten sie etwa schon die Brauerei erreicht? Nein, es mußte eine Ampel gewesen sein, denn die Fahrt ging weiter. Endlich! Der Lastwagen wurde langsamer und hielt schließlich an. Rumpelnd ging der Motor aus. Die Handbremse knarrte.

Silke hörte, wie die Männer den Wagen verließen. »Jetzt brauche ich aber eine Zigarette!« brummte der eine, worauf der andere meinte: »Und ich ein Bier!« »Und ich würde dringend frische Luft brauchen!« dachte Silke und versuchte, den Ausgang aus ihrem Gefängnis zu finden. Zu dumm. Eine ganze Palette Bierkisten verstellte die Öffnung. Sicherlich standen dahinter noch einige Stapel, denn sie ließen sich nicht wegrücken! Wie lange mag der Lastwagen mit den Fässern hier stehenbleiben? Silke wurde immer mulmiger bei dem Gedanken, in diesem Faß ersticken zu müssen.

Auf Wiesengrund herrschte inzwischen große Aufregung. Silke war verschwunden! Keiner der Reitschüler konnte über ihren Verbleib eine Auskunft erteilen. Herr und Frau Müller konnten nicht verstehen, warum ihre Tochter ohne Nachricht das Haus verlassen hatte. Jeder einzelne wurde befragt, doch erfolglos. Erst am späten Nachmittag kehrte Gusti von einem ausgiebigen Ausritt mit Melli zurück. Er hatte gleich nach der Reitstunde frei, so daß er von Silkes Verschwinden nichts mitbekommen hatte. »Gustav, weißt du, wo Silke steckt?« fragte Anton Müller den Lagerchef, der gerade dabei war, Moors Beine mit dem Schlauch vom Schlamm zu befreien. »Silke?« Gusti wurde unruhig, schaute zu Boden und scharrte mit den Schuhen im Kies. »Nun ja, sie wollte heute morgen nicht mitreiten, vermutlich wegen der Sache mit Camillo. Das beste wird sein, wenn ich sie suche. Ich hab' da einen Verdacht, wo sie sein könnte!«

Gleich darauf eilte er zu seinem Auto und fuhr los. Bedrückt kehrte er nach einigen Stunden vergeblichen Suchens zurück. Es war bereits dunkel geworden, und er hatte Silke nicht gefunden. Nirgends in ganz Ketterach hatte er auch nur eine Spur von dem Mädchen entdeckt. Bei Randolphs war niemand zu Hause gewesen. All seine Gebete, die er in seiner Not zu Gott gerichtet hatte, blieben unbeantwortet. Hatte Gott ihn überhört oder gar vergessen? Seine letzte Hoffnung, Silke könnte inzwischen wieder zu Hause sein, konnte er begraben, als er den Hof erreichte und den vielen gespannten und erwartungsvollen Gesichtern entgegentrat. »Und?« fragte Herr Müller besorgt. »Nichts!« Gustav senkte den Kopf. »Ich habe alles abgesucht. Sie ist nirgends!«

Immer noch saß Silke in ihrem finsteren Gefängnis. Allmählich wurde die Luft knapp. Eine entsetzliche Angst überkam das Mädchen. Hatte sie nicht erst vor einigen Tagen in der Zeitung gelesen, daß zwei Kinder in einem solchen Faß erstickt wären? Sie waren zu zweit und konnten sich auch nicht retten! Sie selbst aber war allein! Wie sollte sie jemand auf diesem inzwischen leeren Betriebsgelände hören? Von Zeit zu Zeit hatte sie heftig gegen das Faß geklopft und laut gerufen, doch den geschäftigen Arbeitern waren die Geräusche unter so vielen anderen gar nicht aufgefallen. Vor ungefähr einer halben Stunde war um sie herum eine merkwürdige Stille eingetreten. Offensichtlich hatten die Arbeiter nun Feierabend. War nun alles zu spät?

Silke dachte für einen kurzen Augenblick an den hoffnungsvollen Vers auf Camillos Hufkratzer. Gusti hatte ja in einer ebenso ausweglosen Lage Hilfe erfahren, nachdem er gebetet und an eine Rettung durch Gottes Hilfe geglaubt hatte. »Ach, das war doch nichts weiter als Zufall!« dachte Silke, denn sie war überzeugt, daß Gusti seine Rettung einzig und allein Carachinos scharfem Gehör zu verdanken hatte. Aber – hatte Gusti sich nicht seit jenem Erlebnis ziemlich verändert? »Das Alte ist vergangen, siehe, es ist alles neu geworden . . .« In ihrer ausweglosen Lage fiel es Silke furchtbar schwer, an all die mutmachenden Bibelworte zu glauben. Warum sollte Gott sie schon retten wollen? »Es ist ja alles meine Schuld!« dachte sie entmutigt und trommelte panikartig mit Händen und Füßen gegen das dumpf klingende Holz. Sie konnte diesen schauerlichen Klang gar nicht mehr ertragen. Ähnlich mußte es einem ergehen, der lebendig begraben wurde und versuchte, unter der Erde an den Sarg zu klopfen. Silkes Angst wuchs immer mehr, so daß sie es schließlich doch wagte, Gott anzurufen. »Herr Jesus Christus, hilf mir doch!« rief sie verzweifelt und mit erstickter Stimme.

Die Luft wurde langsam knapp. Wieder verstrichen lange, qualvolle Minuten des Wartens. Plötzlich hörte sie leise Schritte. Dicht neben dem Lastwagen ging jemand. »Hilfe!« schrie Silke, so laut sie konnte. »Hilfe! Ich will hier raus!« »Ist da jemand?« rief eine tiefe Männerstimme. »Ja! Ich bin hier in dem großen Faß!« »Du liebe Zeit!« Der Mann, offensichtlich der Nachtwächter, öffnete schnell den Verschlag des Bierautos und räumte mit viel Mühe die Paletten zur Seite. Zu seinem Erstaunen kroch im Schein der Taschenlampe ein völlig verdrecktes Mädchen in Reithosen erlöst aus der Tonne. »Wie in aller Welt, sag mir, konnte das passieren!« Nach Luft schnappend erzählte Silke das Nötigste über ihre abenteuerliche Reise, drängte dann aber darauf, die Brauerei zu verlassen. Das gutgemeinte Angebot des Nachtwächters, sie nach Hause zu bringen, lehnte sie dankend ab. Kurz vor dem Ziel wollte sie ihre Suchaktion auf keinen Fall abbrechen. Schnell machte sich Silke aus dem Staub und tauchte in der Dunkelheit der nächtlichen Straßen Ketterachs unter.

Schmutzig wie sie war, wanderte Silke auf den Lindenberg, wo die High Society Ketterachs wohnte. Dort oben in der Mozartallee mußte die Villa Randolphs sein! Nachdem das schreckliche Abenteuer im Faß glücklich zu Ende gegangen war, faßte Silke plötzlich Vertrauen zu Gott und fürchtete sich nicht mehr davor, allein durch die dunklen Straßen der Stadt zu gehen. Trotz Hunger und großer Müdigkeit fühlte sie sich wie ein Held, der drauf und dran war, eine große Tat zu vollbringen. Als großes Vorbild sah sie Gusti vor sich, der trotz Sturm und Dunkelheit das Birkenmoor durchquert hatte. Mit schlechtem Gewissen dachte sie jedoch an zu Hause, wo sicher alle um sie bangten, während sie an großen, parkähnlichen Gärten und alten, herrschaftlichen Villen vorbeizog. Entzückt betrachtete sie die schönen Häuser, die im Glanz der barocken Straßenlaternen gespensterhaft wuchtig erschienen. Im gelblichen Schein der verschnörkelten Leuchter glänzten die Blätter der mächtigen Lindenbäume, die links und rechts die Straße säumten, wie Seide. Die Bäume wiegten sich im Wind und sandten einen süßlichen Duft aus. Zwar waren die meisten schon verblüht, doch hier und da stand ein späterer Baum noch in voller Blüte. Riesige Hecken umgaben die Gärten dieser Straße, so daß man von manchen Häusern fast nichts erkennen konnte. Neugierig spähte Silke durch ein gewaltiges Gittertor. Das schmiedeeiserne Tor hatte seltsam geformte Verzierungen. Rund um den Garten wucherte eine ungepflegte Buchenhecke, die den Garten wie einen verzauberten Schloßpark aus dem Märchen erscheinen ließ. Silke wagte einen Blick durch das Tor und erblickte uralte Trauerweiden, Pappeln und andere hohe Bäume. Fasziniert betrachtete sie das massige Haus, auf dessen einer Seite sich ein halbkreisförmiger, einstöckiger Anbau befand. Die Fenster dieses Teils glichen hohen Kirchenfenstern, weil sie oben gerundet waren. Über dem Anbau befand sich eine riesige Terrasse, auf die mehrere Türen führten. Die Mitte des Daches stellte eine gewaltige Kuppel dar.

Im schwachen Schein der Straßenlaternen suchte Silke die

Pfeiler nach dem Namensschild ab, konnte aber nur die Hausnummer und eine namenlose Klingel finden. Halt! Am anderen Pfeiler war mit Mosaiksteinen ein Name eingearbeitet: Villa Randolph. Silke mußte zweimal hinschauen, bevor sie es glauben konnte. Tatsächlich, das war die langgesuchte Villa Randolph! Endlich hatte Silke ihr Ziel erreicht und vergaß ihr schlechtes Gewissen. Mit klopfendem Herzen öffnete sie das Tor, das seltsamerweise nicht verschlossen war, und ging auf das Märchenhaus zu. Vor dem gewaltigen Eichenportal, das mit kleinen geschnitzten Notenschlüsseln verziert war, blieb sie stehen und drückte nach einigem Zögern auf die Klingel. Zunächst blieb alles still. Plötzlich gingen im Haus einige Lichter an. Ein Schlüssel krachte im Schloß. Quietschend sprang das schwere Eichenportal auf, blieb jedoch nach wenigen Zentimetern an der Kette hängen. Im Türspalt erblickte Silke eine ältere Frau, die ihr Haar zu einem Knoten hochgesteckt trug.

»Wer bist denn du?« fragte die Frau überrascht. »Willst du zu mir?« Sie schien sich vor Silke nicht zu fürchten, denn sie öffnete die Türkette. Silke reichte ihr die Hand. »Guten Abend! Ich heiße Silke Müller und komme vom Wiesengrund. Ist Camillo hier?« »Camillo? Ist er denn nicht bei euch auf dem Reiterhof?« Silke wunderte sich, daß die Frau überhaupt nichts wußte, und erzählte ihr die Geschichte von Camillos Verschwinden und ihrer abenteuerlichen Reise im Faß. Ungläubig hörte die Haushälterin zu. »Also, das verstehe ich nicht!« meinte sie kopfschüttelnd. »Aber jetzt komm erst mal herein! Du bist sicher schrecklich hungrig!« Das konnte Silke nun wirklich nicht abstreiten.

Die Frau führte Silke in einen großen Raum, der über drei Stockwerke ging. In der Mitte führte eine Treppe nach oben. Rundherum verlief dort eine Galerie, von der aus man die Zimmer erreichen konnte. Ganz weit oben entdeckte Silke eine bemalte Kuppel. Die Haushälterin holte etwas zu essen und setzte sich zu Silke an den Tisch. »Wo mag er nur stecken?« murmelte sie leise. »Vielleicht hat er ihn zu den Pfillingers gebracht, oder aber – nein, das kann ich nicht glauben!« »Wissen Sie, wo er sein könnte?« fragte Silke unruhig. »Hör mal zu, Kind. Sein Vater ist heute morgen ganz schlimm verunglückt. Er fährt doch immer so schnell und hat eine Kurve übersehen. Jetzt liegt er schwer verletzt im Krankenhaus. Ich bin heute die ganze Zeit bei ihm gewesen. Seltsam, aber Camillo war bei dem Unfall nicht dabei!« Silke sprang entsetzt auf. »Vielleicht ist er herausgeschleudert worden und ist tot! Wir müssen sofort bei der Polizei anrufen!« »Die Polizei hat den Unfallort genau inspiziert!« beruhigte die Haushälterin das Mädchen. »Sicherlich ist er bei Pfillingers und hat versucht, hier anzurufen, während ich nicht da war. Morgen früh rufen wir Herrn Pfillinger an!« Silke war so müde, daß sie sich damit zufriedengab. Nach einem wohltuenden Bad folgte sie der Frau auf der breiten Steintreppe nach oben und betrat eines der Zimmer auf der Südseite.

Die Wahrheit kommt ans Licht

Ein wenig verloren stand Silke in Camillos Zimmer. Wie auf dem Wiesengrund hatte er auch hier alle Wände mit Noten tapeziert. Gähnend stieg sie ins Bett. Im schwachen Licht der Nachttischlampe schaute sie sich im Zimmer um. Über dem Bett waren einige Fotos angebracht. Sie zeigten Camillo, seinen Vater und einen Jungen, vermutlich den Hersteller des geheimnisvollen Hufkratzers. Auf einem besonders schön eingerahmten Foto war eine junge Frau mit langen roten Haaren abgebildet. War das etwa Camillos Mutter? Silke war so müde, daß das Bild vor ihren Augen verschwamm. Sie löschte die Lampe und schlief ein.

Das Knarren des Schrankes ließ sie plötzlich aufschrecken. Es war ganz dunkel im Zimmer, aber Silke war hellwach. Ihr schlechtes Gewissen quälte sie. Sollte sie nicht doch ihre Eltern verständigen? Vor lauter Müdigkeit hatte sie gar nicht mehr daran gedacht. Mit Schrecken fiel ihr die qualvolle Nacht ein, die sie alle bei Isabelles Verschwinden durchgestanden hatten. Isabelle und Gusti hatten damals keine Möglichkeit gehabt, sich zu melden. Aber sie selbst? In diesem Haus gab es doch ein Telefon! Unruhig stand Silke auf, schlich aus dem Zimmer und tappte leise die Treppe hinunter. Wo war nur das Telefon? Die Haushälterin wollte sie nicht noch einmal wecken. Vorsichtig öffnete sie eine der Türen und knipste das Licht an. Vor ihr stand ein vergoldeter Flügel, über dem ein Bild hing, das die Frau aus Camillos Zimmer am Klavier zeigte. Wie schön sie war! Sie hatte den gleichen verträumten »Mirandablick« wie Camillo. Im ganzen Zimmer konnte Silke jedoch kein Telefon entdecken.Der nächste Raum enthielt einen schwarzen Konzertflügel. Gab es denn in diesem Haus nur Klaviere?

Silke kehrte in die Kuppelhalle zurück. Da war ja noch eine Tür! Sie war so klein und unscheinbar, daß man sie fast übersehen konnte. Beim Öffnen knarrte sie ein wenig. Gleich dahinter führte eine steile Treppe hinab. War das die Kellertreppe? Neugierig wagte sich Silke die Treppe hinunter. Dabei wurde ihr ganz unheimlich zumute. Autsch! Jetzt wäre sie fast hingefallen. Was für ein dummer Treppenabsatz! Enttäuscht ging sie an den Regalen des großen Vorratskellers der Villa Randolph entlang. Das war ja nur ein ganz gewöhnlicher Keller! Doch nein, da hinten, sah das nicht wie eine Falltür aus? In Silke erwachte ein Forschungsdrang. Wer weiß, vielleicht war es hier noch unheimlicher als auf dem Birkenhof! Sie mußte alle Kräfte zusammennehmen, um den Riegel der Falltür zurückzuziehen. Endlich schaffte sie es. Die Tür erwies sich als schrecklich schwer. Silke bekam sie kaum hoch. Doch nun schaute sie in die Tiefe und stieg mit pochendem Herzen die dunkle Leiter hinab. Seltsam, die Spinnweben waren nicht mehr heil. Es mußte erst kürzlich jemand in diesem Teil des Kellers gewesen sein. Wie finster alles hier war! Es gab keinen Lichtschalter. Am Boden fand Silke eine Taschenlampe, die jemand achtlos weggeworfen hatte. In ihrem schwachen Lichtkegel konnte sie sehen, daß sie sich in einem langen, kalten Gang befand, von dem mehrere Türen wegführten. Überall raschelte und knackte es. Silke standen die Haare zu Berge. Sie öffnete eine Tür nach der andern, in der Vermutung, daß Herr Randolph Camillo hier eingesperrt haben könnte. Man konnte ja nie wissen! In jedem Raum fand sie jedoch nur altes Gerümpel.

Schließlich stand sie vor der letzten Tür, die zweifach verriegelt war. Mit Gewalt schob sie die beiden rostigen Riegel zurück. Die Tür sprang auf. War das ein finsteres Loch! Silke zitterte. Der Raum erinnerte sie an die kalte Krypta in der Kirche. Wenn sie nun womöglich noch auf einen Sarg stoßen würde . . . Mit der Taschenlampe, deren Batterie bedenklich nachließ, leuchtete Silke im Raum umher. Am Boden lagen alte Kisten, Bretter und verrostete Nägel. An der Wand hing eine Lederpeitsche mit derben Knoten. Sollte das eine Folterkammer sein? Beklommen untersuchte Silke jeden Winkel.

Plötzlich lief es ihr eiskalt den Rücken hinunter. Hinten, in der Ecke, lag etwas! Zunächst hatte sie es nur für einen Packen alter Lumpen gehalten. Als sie aber nochmals genauer hinleuchtete, sah sie eine Hand, die unter den Tüchern hervorschaute. Auf den weißen Tüchern waren Blutflecken zu erkennen. Lag da ein Toter? Silke wurde ganz starr vor Schrecken. Langsam ging sie auf den leblosen Körper zu und blieb zitternd davor stehen. Das Herz schlug ihr bis zum Halse.Schließlich faßte sie allen Mut zusammen und riß das Tuch weg. Entsetzt schrie sie auf, denn vor ihr lag das Schrecklichste, was sie je in ihrem Leben gesehen hatte: Da lag ein Junge, der am ganzen Körper zerschlagen war. Sein Rücken und seine Schultern waren voll verkrustetem Blut. Als sie genauer hinschaute, entdeckte sie tiefe Wunden und Narben auf seinem Rücken. Jemand mußte ihn scheußlich gequält haben. Silke richtete die Lampe auf den Kopf des Jungen. Er lag auf seinem Gesicht und hatte blutverschmierte graue Haare.

»Camillo!« Mit Tränen in den Augen bückte sich Silke zu ihm hinunter. War er tot? Vorsichtig faßte sie ihn an. Nein, sie spürte das Blut in seinen Adern. Bei Silkes Berührung zuckte er plötzlich zusammen und schlug die Augen auf. »Silke!« stieß er überrascht hervor und richtete sich hastig auf, wobei er das Gesicht vor Schmerzen verzog. »Du hier? Das kann doch gar nicht wahr sein! Ich dachte, ich komme hier nie wieder heraus! Komm, wir müssen sofort fliehen!« Er eilte zur Tür, wo er sich erschöpft für ein paar Minuten am Türrahmen festhielt. Silke schaute ihn entsetzt an. »Du, soll ich die Haushälterin wecken? Du siehst ja schrecklich aus!« Camillo schüttelte energisch den Kopf. »Bloß kein Aufsehen! Wir müssen schnell verschwinden, bevor – mein Vater etwas merkt!« »Dein Vater ist nicht da!« gab Silke zurück. »Hat er dich geschlagen?« Camillo nickte traurig. »Er wußte bestimmt selbst nicht, was er tat!« Mühsam quälte sich Camillo aus dem Keller. Silke folgte ihm schweigend. Als er oben an der Treppe angekommen war, drehte er sich plötzlich um. »Sag mal, wo ist mein Vater? Und überhaupt – wie kommst du hierher?« Fassungslos hörte sich Camillo

Silkes Geschichte an und schaute betroffen zu Boden, als er von dem Unfall seines Vaters erfuhr. »Er wußte nicht, was er tat!« sagte er nochmals und trommelte nervös mit den Fingern gegen die Tür. Silke begleitete Camillo ins Badezimmer und begann vorsichtig, ihm das Blut abzuwaschen. »Sag mal, warum hat dein Vater das eigentlich getan? Du siehst ja aus, als hätte er dich schon oft geschlagen!« Camillo nickte. »Seit dem Tod meiner Mutter macht er das immer wieder. Dieses Mal war es besonders schlimm!« »So ein Unmensch!« stieß Silke hervor. »Er hat doch gar keinen Grund dazu!« Camillo starrte sie an. »Er ist kein Unmensch! Er ist nur krank! Er meint, ich sei am Tod meiner Mutter schuld – ich hätte sie die Treppe hinuntergestoßen!« »Das kannst du gar nicht getan haben!« rief Silke empört. »Ich wäre vorhin auch beinahe diese blöde Kellertreppe hinuntergefallen!« Tröstend nahm sie Camillos Hand, da der Junge mit den Tränen kämpfte. »Komm, sei jetzt nicht so traurig!«

Ein Klingeln an der Haustür ließ die beiden plötzlich zusammenfahren. »Wer kann das nur sein?« fragte Silke verdutzt. Camillo zuckte mit den Schultern. »Keine Ahnung! Ich schau mal nach!« Langsam ging er zur Tür. »Wer ist da?« »Polizei!« rief eine Stimme. Schnell öffnete Camillo die Tür. Vor ihm standen zwei Polizisten, die ihn seltsam anschauten. »Bist du Camillo Randolph?« »Ja, der bin ich!« Die Polizisten tauschten einen Blick. »Dein Vater hat soeben ausgesagt, er hätte dich umgebracht!« »Er hat ihn auch beinahe umgebracht!« sagte Silke und ging ebenfalls zur Tür. »Kommen Sie herein und schauen Sie sich alles einmal an!« »Silke, sei doch still!« rief Camillo erschrocken. »Silke?« fragte einer der Beamten. »Bist du etwa die Silke Müller, die als vermißt gemeldet wurde?«

Es wurde eine lange Untersuchung. Zunächst beschauten die Beamten eingehend den Tatort, bevor sie Silke und Camillo aufs Revier mitnahmen, um ihnen noch ein paar Fragen zu stellen. Die Haushälterin, die erst jetzt von allem erfuhr, erlitt beinahe einen Schock. Auf dem Polizeirevier erfuhren Silke und Camillo, daß die ganze Geschichte erst durch Herrn Müllers Vermißtenmeldung ans Licht gekommen war.

Ohne Pauken und Trompeten, ohne Blaulicht und Martinshorn, jedoch sehr übermüdet, trafen die beiden Helden in den frühen Morgenstunden mit dem Polizeiauto auf dem Wiesengrund ein. Kein freudiges Empfangskomitee stand bereit, nur Carachino blinzelte verschlafen aus seiner Hütte hervor. Es ging nicht ganz ohne Strafpredigt aus, doch sie war milde und beschränkte sich, angesichts der verhinderten Katastrophe, nur auf das unangemeldete Fortgehen. Als Silke endlich unter die Decke kriechen konnte, wußte sie vor lauter Müdigkeit schon gar nicht mehr, mit welchen Sanktionen ihr Vater sie für das unerlaubte Weglaufen bestrafen wollte. Ob es nun Reitverbot gab oder nicht, war ihr im Moment gar nicht wichtig. Hauptsache, Camillo lebte noch und sein jähzorniger Vater konnte ihm nichts mehr anhaben.

Gähnend wanderten Silke und Camillo über den Hof und überlegten sich, ob sie die ganze Geschichte nicht doch nur geträumt hätten. Die Vormittagsreitstunde hatten sie völlig verschlafen. Vor dem Nebengebäude trafen sie auf Melli und Gusti, die bereits über den Planungen für das Lagerturnier brüteten. »Guten Morgen, ihr beiden!« rief Melli fröhlich und bot ihnen zwei Plätze an ihrem Gartentisch an. »Na, habt ihr euer Abenteuer gut verdaut? Alle Welt redet bereits über euch ›Verbrecher‹!« Silke und Camillo lächelten verschmitzt. »Verbrecher ist gut!« meinte Silke. »Aber die Polizisten haben sich mit ihrer Fragerei tatsächlich so aufgeführt, als hätten wir etwas Schlimmes ausgefressen!« »Silke! Camillo! Ihr seid ja schon auf!« Atemlos kam die kleine Isabelle mit Chino an der Leine über den Hof gelaufen. »Nun sagt schon, was ist überhaupt passiert?« Silke und Camillo wechselten einen Blick und nickten einander zu.

»Na schön, lassen wir die Katze aus dem Sack!« meinte Silke. Interessiert hörten sich Gusti, Melli und Isabelle an, was die beiden erlebt hatten. Isabelle drückte Carachino fest an sich. »Irgendwie hatte ich das geahnt!« Gusti blinzelte unter seinen buschigen Augenbrauen hervor. »Ich hatte ihn immer in Verdacht, daß er ein Schläger ist. Aber sag mir, warum hat er das getan?« Camillo verbarg sein Gesicht in den Händen. »Es war zu viel auf einmal zusammengekommen. Das konnte er nicht verkraften. Gestern war der zehnte Todestag meiner Mutter. Mein Vater hat diesen Verlust nie überwunden. Außerdem hat ihm unsere Haushälterin gekündigt. Der dritte Grund war wohl ich, der ungezogene Camillo, der mit seiner wertvollen Geige auf der Ladefläche eines schmutzigen Lieferwagens, der zudem noch von einem verkommenen Stallknecht gesteuert wurde...« Camillo hielt inne und biß sich auf die Lippen. »Es tut mir leid, Gusti! Ich wollte das nicht sagen! Du warst immer so gut zu mir...« »Ist ja schon gut, ist ja nicht deine Schuld!« Gusti versetzte ihm einen freundschaftlichen Klaps. »Ich kann mir denken, was er über mich dachte! Aber das macht mir nichts aus. Hauptsache, ihr beiden seid noch am Leben und es geht euch gut. Dafür sollten wir Gott dankbar sein! Als ich Silke gestern suchte und mir Gott auf meine Gebete keine Antwort gab, hatte ich schon gedacht, er hätte mich vergessen. Heute weiß ich, warum alles so gelaufen ist. Hätte ich Silke in Ketterach gefunden, so säße Camillo immer noch in seinem finsteren Gefängnis!«

»Gottes Wege sind oft sonderbar, aber sie führen alle zum Ziel!« sagte Isabelle sinnend. »Mit mir ist Gott in dieser Nacht auch zum Ziel gekommen!« stellte Silke nachdenklich fest.« Ich hatte, als ich in dem Faß saß, ein ähnliches Erlebnis wie du im Birkenmoor hattest, Gusti! Aber ich wurde gerettet, obwohl ich gar nicht so recht geglaubt hatte, daß Beten etwas nützt! Auf jeden Fall werde ich das nächste Mal auch in den Bibelkreis kommen, um noch mehr über den Glauben zu erfahren. Bei mir soll jetzt auch alles neu werden!« »Du, Silke, das freut mich unheimlich!« sagte Isabelle. Gleich morgen abend wollen wir uns wieder bei Melli treffen!«

»Was wird nun eigentlich aus Camillos Vater?« überlegte Silke. Gusti zog seufzend die Augenbrauen hoch. »Das ist eine schwierige Sache. Camillo wird ihn noch schwer vermissen.

Sicherlich wird er seine Erziehungsrechte abgesprochen bekommen und vielleicht sogar im Gefängnis landen.« »Mein Vater – im Gefängnis?« fragte Camillo mit zitternder Stimme. »Das können sie doch nicht machen! Er ist ein berühmter Pianist!« Gusti schaute ihn nachdenklich an. »Er wird vor Gericht kommen. Die Strafe ist dann unvermeidbar. Mein Stiefvater war ähnlich. Er konnte auch ordentlich zuschlagen. Als Kind habe ich oft mit dem Gedanken gespielt, ihn anzuzeigen. Deshalb habe ich mich mit den Gesetzen über Kindesmißhandlung beschäftigt. Aber ins Gefängnis wollte ich ihn doch nicht gerade wünschen! Außerdem habe ich mich vor dem Erziehungsheim gefürchtet, in das ich dann gekommen wäre!« »Ich will meinen Vater auch nicht ins Gefängnis bringen!« rief Camillo, den Tränen nahe. »Nicht wahr, Silke, das haben wir doch gar nicht gewollt! O nein! Jetzt bin ich schuld daran, daß mein Vater ins Gefängnis muß!« Schluchzend sprang Camillo auf und lief weg. Gusti ging ihm nach, holte ihn ein und legte ihm die Hand auf die Schulter, worauf Camillo fürchterlich zusammenzuckte. »Hart bleiben, Camillo, und durchhalten!« Gusti schaute ihm freundlich in die Augen. »Du bist nicht daran schuld, Camillo. Dein Vater hatte doch das Geständnis schon abgelegt, bevor man dich gefunden hat!« Camillo horchte auf. »Ja, das stimmt!« Beklommen fragte er: »Muß ich jetzt wirklich in ein Erziehungsheim, Gusti?« Gusti zuckte zunächst ratlos mit den Schultern, schüttelte dann jedoch den Kopf. »Laß die trüben Gedanken, Camillo! Schließlich hast du ein paar Freunde, auf die du dich felsenfest verlassen kannst. Wir werden für dich tun, was in unserer Macht steht. Außerdem hast du einen Gott, den du in der Not anrufen kannst und der dich errettet! Leg alles Jesus hin und bitte ihn, daß er deine Zukunft in die Hand nimmt. Egal, welchen Weg er dich führen wird, es wird der beste Weg sein!« Camillo nickte hoffnungsvoll. »Danke, Gusti!« Der junge Mann lächelte.»So, und jetzt denk nicht mehr ans Gefängnis und auch nicht ans Erziehungsheim! Jetzt denkst du einmal darüber nach, wie gut es dir noch einmal ergangen ist. Außerdem solltest du dich freuen, daß

Silke so ein feines Mädchen ist und all die Strapazen auf sich genommen hat, um dir zu helfen!« Wortlos schaute Camillo zu Silke zurück, die an der kleinen Koppel neben Miranda stand und das Pferd mit Mohrrüben fütterte. Ja, wenn sie nicht gewesen wäre . . .

Das Abschlußturnier

Immer näher rückte das Lagerturnier. Die Tage waren mit hartem Training ausgefüllt. Eifrig bemühten sich die jungen Leute, ihre Reitkünste zu verbessern. Wenn sie nicht gerade im Sattel anzutreffen waren, so saßen sie irgendwo in kleinen Gruppen zusammen und fachsimpelten über schwierige Sprünge oder Dressurübungen. Trotz aller Turniervorbereitung nahmen sich Silke und ihre Freunde an einem Abend die Zeit, um sich bei Melli zum Bibelkreis zu treffen. Wieder einmal hatten sie am Kastanienbaum kräftig für ihren Kreis geworben, und das mit Erfolg. »Das nächste Mal werden wir unsere Zusammenkunft ins Musikzimmer verlegen müssen!« stellte Silke fest, als sich Mellis kleines Zimmer im Nebengebäude immer mehr füllte. Gespannt hörte sie auf den Bibeltext. Im Gespräch mit den anderen wurde ihr zum ersten Mal bewußt, wie lieb Gott die Menschen haben mußte, daß er seinen eigenen Sohn am Kreuz hatte sterben lassen, nur um sie zu retten. Und das war nicht nur Rettung aus schwierigen Situationen, wie Gusti und sie sie erlebt hatten, nein überhaupt, er wollte sie jeden Tag neu vor ihrem eigenen Ich retten, mit dem sie sich soviel Unbedachtes und Gemeines antaten. Diese ganzen Zankereien und Eifersüchteleien im Lager... Sie staunte über die Tatsache, daß der einfache Glaube an Jesus Christus ausreichte, damit ein Mensch vor Gott bestehen könne. Seit sie selbst an ihn glaubte, gehörte auch sie zu den Menschen, die Jesus gerettet hatte. Alles war neu geworden!

Am Abend vor dem Lagerturnier paßte Silke Camillo an seiner Zimmertür ab. In den letzten Tagen hatte sie kaum eine Gelegenheit gefunden, um allein mit ihm zu sprechen. Entweder waren sie alle mit Arbeit eingespannt oder aber hatte sich die ganze Clique der Mädchen um ihn versammelt. Heute jedoch waren die meisten mit Putzen von Sätteln, Zaumzeug und Reitstiefeln beschäftigt. Silke hatte das längst erledigt, und zwar in der Zeit, als die anderen mit Camillo zusammen waren. Jetzt konnte sie fast sicher sein, daß nicht schon wieder die ganze Schar antreten würde. Überrascht erblickte Camillo beim Verlassen des Zimmers Silke. »Hallo Silke! Bist du nicht beim Sättelputzen? Ich wollte gerade in die Sattelkammer gehen!« »Das brauchst du nicht mehr, Camillo!« Silke setzte eine geheimnisvolle Miene auf. »Dein Sattel glänzt bereits! Den hat das Moorgespenst geputzt!« »Wie bitte?« Camillo schaute sie ungläubig an. »Und wer war das Moorgespenst? Etwa du?« Silke nickte. »Komm, laß uns ein wenig fortgehen! Da unten wimmelt es von Danis und Connys!« »Okay, aber du mußt sagen, wohin. Ich kenne mich immer noch viel zu wenig aus!« Camillo seufzte. »Eigentlich bin ich viel zu kurz hiergewesen. Das meiste habe ich versäumt!« »Ja, das ist schade«, meinte Silke traurig. »In ein paar Tagen ist das Lager zu Ende, und du wirst wieder abreisen!« »Und das Schlimme daran ist, daß ich gar nicht weiß, wohin ich gehen werde!« sagte Camillo noch trauriger. »Mein Vater kommt ja jetzt in die psychiatrische Klinik. Vielleicht muß ich dann in das Kinderheim nach München, in dem Luise arbeitet. Das alles bedeutet, daß ich mich von Miranda trennen muß, und nicht nur von ihr, nein, von meinem Vater, meinem Kater Amadeus, der Villa Randolph, von Ketterach, Moordorf, Miranda, Carachino, Isabelle und – von dir!«

»Du wirst mir schrecklich fehlen, Camillo!« Silke bemühte sich, die Tränen zurückzuhalten. Schweigend gingen die beiden nebeneinanderher. Als sie den Waldrand erreichten, ging am Horizont bereits die Sonne unter. Vor Silkes Blockhütte machten sie halt und setzten sich auf die Bank. »Es wird ja schon dunkel!« sagte Camillo überrascht. »Mir ist der Weg gar nicht so weit vorgekommen!« »Von mir aus könnte er noch kilometerlang weitergehen«, seufzte Silke. »Er kann ja doch nichts an unserer Situation ändern. Wenn die Sonne wieder aufgeht, sind wir dem Abschied schon wieder einen Tag näher!« Hinter den Tannen erschien eine fahle Mondsichel und tauchte den Waldrand in ein kaltes, silbernes Gewirr aus Licht und Schatten. »Schau, Camillo, sogar der Mond nimmt ab, nicht nur unser Reitlager!«

Aus der Ferne drang ein seltsames Geräusch zu ihnen herüber. Es war ein Rascheln, Stampfen und Schnauben. »Das muß ein Pferd sein!« stellte Camillo fest. »Ob es ausgebrochen ist?« »Es hört sich eher nach einem Reiter an, denn die Hufschläge sind so gleichmäßig!« meinte Silke. »Vielleicht ist es Gusti oder Melli!« Silke verstummte, als Camillo den Finger an den Mund legte. Tatsächlich, ein Reiter kam immer näher. Wer es war, konnten die beiden nicht feststellen, da er nahe am Waldrand ritt. Ab und zu tauchte er im Mondlicht kurz auf, um dann wieder im Schatten zu verschwinden. Dumpf klangen die mächtigen Hufschläge des gewaltigen Pferdes. Offensichtlich war es eines der Birkenhofpferde. Der einsame Reiter bemerkte die beiden auf der Bank nicht, hielt auch an der Hütte nicht an, sondern trabte vorüber. Immer leiser wurde das regelmäßige Aufschlagen der Hufe. Schließlich war er ganz verschwunden. Silke atmete grinsend auf. »So! Gefahr gebannt! Wir sind nicht ertappt worden!« Camillo erhob sich jedoch und meinte: »Ich glaube, wir sollten jetzt trotzdem zurückgehen. Ich möchte nicht, daß Gusti unseretwegen nochmals in Schwierigkeiten kommt!« »Du hast recht!« Silke stand ebenfalls auf. Begleitet vom Gezirpe der Grillen traten die beiden den Heimweg an.

Mit herrlichem Wetter lud der nächste Tag zum großen Ereignis ein. Heute war der Tag der Wettkämpfe. Wie bei einem richtigen Turnier standen verschiedene Prüfungen auf dem Programm. Die Zuschauer, bestehend aus Eltern, Geschwistern und Freunden der Lagerteilnehmer, ließen nicht lange auf sich warten. Überall gab es großes Hallo. Jeder wollte seinen Besuchern die Pferde und die anderen jungen Reiter vorstellen. Besonders Silke und Camillo, die Helden der letzten Tage, waren als Repräsentanten des Lagers begehrt. »Ich glaube, man müßte uns beide auch in eine Box stellen und ein Namensschild darüber anbringen«, sagte Silke lachend zu Camillo, nachdem sie soeben von Danis gesamter Verwandtschaft begrüßt worden waren. »Ich komme mir vor wie der Oberaffe im Zoo!« meinte Camillo. »Schau mal, Isabelle hat auch Besuch von ihrer Familie bekommen!« Die beiden setzten ihre Begrüßungstour fort und machten sich schließlich auf den Weg zum Stall, um ihre Pferde zu satteln.

Mit einer weitschweifigen Rede eröffnete Herr Müller das Lagerturnier. Schon die erste Prüfung, der Reiterwettbewerb, sorgte für Überraschungen. Dani Sommer, die mit ihrem Pony in der ersten Abteilung starten sollte, konnte vor Aufregung kaum mehr ruhig sitzen. Ähnlich erging es Isabelle. Mit glühend roten Wangen bestieg sie ihre Gundula. Immer wieder sprang Carachino spielerisch an ihr hoch. Als Gusti sah, daß der Hund frei herumlief, rief er ihn gleich zu sich und legte ihn an die Kette. Endlich ging es los. Die Reiter der Anfängergruppe ritten in die Bahn ein. Mit äußerster Konzentration bemühten sie sich, den Kommandos genau Folge zu leisten. Nach dem Sprung war es geschafft, und sie verließen, mehr oder weniger zufrieden, die Bahn. Als der Wettbewerb zu Ende war, wurden die Sieger bekanntgegeben. Isabelle konnte es kaum glauben, daß sie in ihrer Abteilung gewonnen hatte.

Laute Musik aus dem Lautsprecher leitete den zweiten Teil des Lagerturniers ein. Sechs Pferde waren zum Springen gemeldet, die, bereits herrlich mit Zöpfchen geschmückt, auf dem Abreiteplatz mit ihren Reitern warteten. Kathrine machte den Anfang und erreichte mit acht Fehlerpunkten das Ziel. Mehr Probleme hatte Claudia mit ihrer braunen Stute, die wie immer an zwei Hindernissen verweigerte und außerdem drei Abwürfe zu verzeichnen hatte. Den ersten Nullfehlerritt schaffte Susi auf ihrem Schneesturm. Schadenfroh grinste das Mädchen zu dem Pechvogel Dani hinüber, deren Pony an diesem Tag keine Lust zum Springen gehabt hatte.

Vom Abreiteplatz aus richtete Silke ihre Aufmerksamkeit ganz auf den nächsten Reiter, auf Jan, ihren größten Konkurrenten. Helios sprang wirklich herrlich und war auch sehr schnell. »Null Fehlerpunkte!« hörte Silke aus dem Lautsprecher. Nun hieß es aber äußerste Konzentration, denn Silke wurde aufgerufen. »Na, dann los, Paloma! Jetzt müssen wir Jan beweisen, daß Helios nicht das einzige gute Pferd auf der Welt ist!« Schnell, aber sicher ging Silke die Hindernisse an. Am Oxer hörte sie, wie Paloma die Stange mit den Hinterhufen berührte. Es klapperte bereits, und Silke biß die Zähne zusammen. War die Stange gefallen? Nur nicht zurückschauen, sagte sie sich, da noch einige Hindernisse vor ihr lagen. Endlich! Der letzte Sprung! Und – »Null Fehler!« verkündete der Ansager. Strahlend ritt sie zu den anderen zurück. Nach dem ersten Umlauf standen drei Teilnehmer für das Stechen fest. Susi machte den Anfang, konnte aber an ihr vorheriges Ergebnis nicht herankommen, da Schneesturm einmal verweigerte und eine Stange riß. Siegessicher wie immer machten Jan und Helios keinen Fehler. Silke mußte sich nun noch mehr anstrengen und bemühte sich, so sauber wie möglich, aber auch sehr schnell zu springen. Als sie ihr Ergebnis vernahm, jubelte sie. Sie hatte Jan um genau zwei Zehntelsekunden geschlagen! Begeistert klatschte das Publikum Beifall, als Silke bei der Siegerehrung den ersten Preis erhielt. Neidisch schaute Jan zu ihr hinüber. Er gönnte den Sieg nur ungern einem andern.

Nach dem Springen gab es noch eine besondere Attraktion: Camillo holte seine Geige und führte mit Miranda eine Zirkusnummer auf. Alle Zuschauer, auch Herr und Frau Müller, waren fasziniert von dem harmonischen Zusammenspiel von Pferd und Geiger. Hingerissen betrachtete Frau Müller den Jungen mit der Geige und flüsterte ihrem Mann etwas ins Ohr, worauf er sie verblüfft anschaute. Mit Musik und fröhlichem Pizzaessen nahm das Fest seinen Ausklang. Schwatzend nahmen die Lagerteilnehmer und ihre Gäste an den Festbänken im Hof Platz. Der ganze Hof war mit bunten Lampions geschmückt, die in fröhlichen Farben leuchteten. Doch der ganze Glanz des Festes konnte zumindest bei Silke und Camillo nicht darüber hinwegtäuschen, daß das Ende des Reitlagers und somit der Abschied in greifbarer Nähe lag.

Die Riesenüberraschung

Die letzten Tage vergingen wie im Fluge. Wo waren nur die vier Wochen geblieben? Träumend stand Silke vor der Koppel, auf die sie Paloma gebracht hatte. Noch ein paar Tage, dann würde sie wieder wie gewohnt zur Schule gehen, und alle wären abgereist. Camillo hatte inzwischen vom Jugendamt einen Brief bekommen, in dem das Heim angegeben war, in das er kommen sollte. Es war ein schwarzer Tag, an dem der Brief den Wiesengrund erreicht hatte. Seither war mit Camillo kaum mehr etwas anzufangen. Die meiste Zeit verbrachte er in seinem Zimmer allein mit seiner Geige.

Eine nasse Hundeschnauze riß Silke aus ihren Gedanken. »Na, du Oberspringerin, bewunderst du dein Traumpferd?« Erschrocken drehte sich Silke um. Hinter ihr stand Gusti, der seinen Rapphengst am Zügel führte. »Hallo Gusti!« murmelte Silke mit düsterer Miene. »Nanu, schlechte Laune?« Gusti griff Silke am Kinn und schaute ihr in die Augen. »Das kann man wohl sagen, Gusti!« stöhnte Silke. »Morgen ist das Lager vorüber, und alles ist vorbei!« »Camillo?« Silke nickte. »Er muß in ein Heim. Es ist jetzt entschieden. Wir haben doch so für ihn gebetet, daß er wenigstens einen Heimplatz in der Nähe bekommt, aber das Heim liegt fast am anderen Ende Deutschlands. Sicher werden wir ihn nie wiedersehen!«

»Ich habe von der ganzen Sache mit dem Heim gar nichts mitbekommen!« sagte Gusti bestürzt. Er ließ seinen Blick über das Hofgelände schweifen. Plötzlich entdeckte er Herrn Müller, der gelangweilt auf dem Hof herumspazierte. In Gustis erstarrte Züge kam Leben. »Herr Müller, hätten Sie Lust, mit mir auszureiten?« »Ja, warum auch nicht?« meinte Herr Müller überrascht. »Okay, ich sattle Ihnen Montblanc!« Lächelnd strich Gusti Silke übers Haar und drückte ihr Moors Zügel in die Hand. »Hältst du ihn mal kurz? Ich bin gleich zurück!«

Kopfschüttelnd schaute sie ihm nach, wie er fröhlich pfeifend zum Stall ging. Was hatte er nur vor?

Am Abend unternahmen Gusti und Chris mit dem ganzen Lager noch einen abschließenden, ausgiebigen Nachtausritt. Es war ein herrliches Bild! Jeder Reiter war mit einer Lampe ausgestattet. Doch trotz der wunderbar romantischen Stimmung inmitten der rauschenden Wiesen konnte Silke den Gedanken an den bevorstehenden Abschied nicht loswerden. Selbst die hellen, klaren Sterne konnten bei ihr keinen Funken Hoffnung wecken.

Mit dem folgenden Tag brach der Abreisemorgen an. Doch nicht nur das, heute hatte Frau Müller ja Geburtstag! Noch bevor die ersten Wiesengrund verließen, stellten sich alle vor dem Haus auf, um Frau Müller, die das ganze Lager über so wunderbar gekocht hatte, ein Ständchen zum Geburtstag zu singen. Anschließend holte Camillo noch einmal seine Geige hervor und spielte ein wundervolles Stück, das keiner von ihnen je gehört hatte. »Frau Müller, das ist mein Geschenk an Sie und an ganz Wiesengrund. Ich habe es selbst komponiert und ihm den Titel ›Wiesengrund‹ gegeben. Dieses Lied soll mein Dank für all das Schöne, was ich hier erlebt habe, sein. Behalten Sie die Melodie und das Notenblatt als Erinnerung an mich, weil ich hier die schönste Zeit meines Lebens verbringen durfte!« Gerührt nahm Frau Müller dem Jungen das Notenblatt ab und drückte Camillo an sich. »Vielen Dank, Camillo! Du hast mir wirklich eine große Freude bereitet! Das war eine gelungene Überraschung!«

Im Trubel der Abreise verblaßte die Geburtstagsfeier immer mehr. Einige Lagergäste nahmen wehmütig Abschied von ihren Pferden, während andere ihre eigenen Pferde für die Heimreise fertigmachten. »Wir werden ja sicher öfters hier aufkreuzen!« sagte Sorry zu Heidi, als sie abgeholt wurde. »Sicher werde ich auch oft hier herüberkommen!« sagte Isabelle, die Carachino am Halsband festhielt. »Vielleicht erlaubt mir Herr Müller, daß ich ab und zu auf Gundi reiten darf. Aber Carachino – den würde ich am liebsten mitnehmen!« »Willst du wirklich einen Hund, Isabelle?« fragte Heidi plötzlich. »Die Anke, unsere Schäferhündin, hat vor zehn Wochen Junge bekommen! Es sind schwarze Langhaar. Wahrscheinlich ist Carachino der Vater. Die meisten haben wir bereits verschenkt. Nur für eine kleine Hündin haben wir noch niemanden gefunden. Wenn du sie haben willst, dann schenke ich sie dir gerne!« Isabelle konnte ihr Glück kaum fassen. »Heidi! Das ist ja großartig! Ich werde zu Hause gleich meine Eltern fragen, ob ich sie haben darf. Du wirst garantiert von mir hören!«

Hoch zu Roß, wie sie gekommen war, verließ Heidi den Wiesengrund. Jan reiste wieder mit Luxuslimousine und Pferdeanhänger Richtung Ketterach, während Conny und Claudia im Wagen des Dirigenten Pfillinger Platz nahmen. Als Dani mit ihrem Pony auf die Landstraße zurückkehrte, machte Susi vor Freude einen Luftsprung. »Endlich ist sie fort!«

Silke und Camillo begleiteten Isabelle gemeinsam mit Carachino zum Birkenhof. Das Mädchen hatte sich kaum von Gusti, Melli und der Haflingerstute Gundula losreißen können. Unterwegs erzählte sie aufgeregt, welches Angebot sie von Heidi bekommen hatte. »Das freut mich für dich, Isabelle«, meinte Silke. »Wenn du den Hund bekommst, dann bringst du ihn gleich am nächsten Samstag mit nach Wiesengrund, wenn wir uns zum Jugendkreis treffen. Ich finde es großartig, daß mein Vater erlaubt hat, daß wir den Jugendkreis bei uns im Musikzimmer abhalten dürfen!« »Ich würde am Samstag so gerne auch dabeisein!« sagte Camillo traurig. »Aber ich muß wohl schon heute fahren! Ihr habt es gut! Trotzdem – ich will nicht jammern! Gottes Wege sind die richtigen Wege, das hat Gusti gesagt!« »Wir werden oft an dich denken, für dich beten und dir auch schreiben!« beteuerte Isabelle.

Dennoch wurde es ein schmerzlicher Abschied. Schweigend traten Silke und Camillo ihren letzten gemeinsamen Spaziergang durch das Birkenmoor an. Wie drohende Wegweiser standen ein paar abgestorbene Moorbirken am Wege. Weder Silke noch Camillo wußten, wie sie einander trösten konnten. Alles schien dunkel und düster zu sein. Kurz vor Erreichen des

Wiesengrundes nahm Camillo Silke plötzlich in die Arme. »Du wirst mir schrecklich fehlen, Silke! Ihr alle seid mir so ans Herz gewachsen. Ich weiß wirklich nicht, wie es ohne euch weitergehen soll!« Silke wußte darauf auch keine Antwort, und ihre Tränen konnten die harte Tatsache auch nicht mehr auslöschen. Es war vorbei – und das so endgültig!

Auf dem Wiesengrund hatte Gusti bereits den Motor des Lieferwagens angeworfen. »Da bist du ja endlich, Camillo! Ich warte schon die ganze Zeit auf dich. Steig schon ein, Herr Müller fährt auch mit!« »Aber – ich muß mich doch noch verabschieden!« rief Camillo entsetzt. »Ach, das ist doch nicht notwendig, Camillo!« wehrte Gusti ab. »In drei Stunden sind wir ohnehin zurück!« »Wo – zurück?« fragte Camillo verständnislos. »Na, hier auf Wiesengrund!« antwortete Herr Müller. »Wir fahren nur nach Ketterach, um deine Sachen aus der Villa Randolph zu holen! Jetzt müssen wir uns aber beeilen, denn ich habe ein paar Möbelpacker in die Mozartallee bestellt. Schließlich können wir den Konzertflügel nicht alleine verladen!« »Den Konzertflügel? Wohin wollt ihr denn meinen Konzertflügel bringen?« Camillo verstand nun wahrhaftig überhaupt nichts mehr. Seufzend sprang Gusti vom Trittbrett des Lieferwagens herunter. »Nun hör mir mal genau zu, Camillo!« sagte er und legte dem Jungen die Hand auf die Schulter. »Sicherlich ist dir das Wiesengrundklavier zu verstimmt, denn es besitzt zu wenig Klangvolumen. Wir dachten deshalb, es sei besser, wenn wir dir deinen Flügel hierherholen würden. Einen Platz haben wir auch schon dafür gefunden. Drüben im Musikzimmer . . .« »Moment mal!« unterbrach ihn Camillo. »Was soll ich denn mit dem Klavier auf dem Wiesengrund anfangen?« »Darauf spielen, natürlich, falls dir das Reiten auf Miranda manchmal zu langweilig wird!« Gusti lachte schallend. Endlich begann Camillo zu verstehen. Mit großen Augen schaute er Gusti an. »Heißt das etwa, daß ich hierbleiben darf? Gusti, stimmt das, daß ich nicht ins Heim muß? Darf ich auf dem Wiesengrund bleiben?« Unbemerkt hatte Herr Müller ebenfalls den Lieferwagen verlassen und war zu ihnen getreten. »Wenn du natürlich lieber ins Waisenhaus möchtest, dann können wir unsere Entscheidung ja noch rückgängig machen. Aber was uns und das Jugendamt betrifft, wir würden uns freuen, wenn du hier bei uns eine neue Heimat finden würdest!« »Aber Herr Müller!« Camillos Augen leuchteten. »Kann ich das denn annehmen? Vielen, vielen Dank!« Silke, die bis jetzt starr vor Überraschung zugehört hatte, fiel freudestrahlend zuerst ihrem Vater, dann Camillo um den Hals. »Das ist doch kaum zu glauben, Camillo! Es ist einfach herrlich! Stell dir vor, du kannst Miranda und dein Zimmer behalten und auf dem Wiesengrund leben und zur Schule gehen, wie einer von uns! Außerdem kannst du dann auch in unseren Jugendkreis gehen!«

»Na, was ist mit euch dreien?« fragte Gusti plötzlich. »Wollt ihr hier Wurzeln schlagen und mich den Konzertflügel allein aufladen lassen?« »Nein, Gusti,wir kommen ja schon!« Silke und Camillo kletterten auf die Ladefläche. Bellend gesellte sich Carachino zu ihnen. »Wem habe ich das nur zu verdanken?« fragte Camillo auf der Fahrt nach Ketterach. »Es kommt mir so vor, als hätte Gusti seine Hand ganz gewaltig im Spiel gehabt!« Silke nickte. »Ja, Gusti! Ihm und meinem Vater haben wir das zu verdanken. »Gottes Wege sind die besten Wege!« sagte Camillo leise. »Ihn dürfen wir bei unserem Dank auch nicht vergessen, denn er hat alle Fäden in der Hand und lenkt unser Leben. Wie hieß noch einmal der Vers auf meinem Hufkratzer?« Silke schmunzelte. »Rufe mich an in der Not, so will ich dich erretten, und du sollst mich preisen!« »Genau das ist es!« rief Camillo. »Das habe ich erlebt! Jetzt darf ich nicht vergessen, ihm zu danken und ihn zu preisen!«

Es dauerte zwar den ganzen Nachmittag, bis die Wiesengrund-Leute gemeinsam mit den Möbelpackern Camillos Sachen, seinen Kater Amadeus sowie das schwere Klavier auf dem Lastwagen verstaut hatten, aber es machte eine Menge Spaß. Jetzt spielte plötzlich die Zeit keine Rolle mehr, denn es würde ja für Camillo auf dem Wiesengrund weitergehen. Singend saßen Silke und Camillo auf der Heimreise neben dem

Klavier, dem Kater im Transportkorb und dem schwarzen Schäferhund. Als sie schließlich hinter Moordorf den Weg nach Wiesengrund einschlugen, stand Silke auf und schaute über das Führerhaus hinweg. Hoch auf einem Hügel der Weidekoppel standen zwei Pferde und grasten einträchtig nebeneinander. Das konnten nur Paloma und Miranda sein! Hinter einer grauen Wolke, die schon den ganzen Morgen über den Himmel verdunkelt hatte, schob sich plötzlich die Sonne hervor und sandte Tausende von Sonnenstrahlen aus, um alles in einem neuen, herrlichen Licht aufleuchten zu lassen.

Im Schatten der Geister

von
V. und N. Fritz

Ein spannendes Indianerbuch für Jungen und Mädchen ab 12 Jahren.

Pb., 192 S.,
Nr. 56 106

Das Herz von Großer Bär schien auszusetzen. Jetzt würde gleich die Entscheidung fallen. Von draußen klang Kinderlachen in die wartende Stille, dann das Schimpfen einer Frauenstimme. Das Lachen verstummte, und einen Moment lang schien es nur die Männer im Zelt zu geben.

Ein scharrendes Geräusch verjagte die Stille im Raum. Schwarze Wolke erhob sich. Seine Hand zeigte auf Großer Bär. »Ich habe eine Frage an ihn!« Alle Augen richteten sich auf Großer Bär, für den eine Hoffnung zusammenbrach. Nein, die gütige Hand Gottes, der Himmel und Erde gemacht hat, lag nicht auf ihm. Statt dessen schien ihn der haßerfüllte Atem der Geister kalt zu umwehen.

Andreas Schwantge
Susannes Vermächtnis
Tb., 112 S., Nr. 74503, DM 8,80

Das Schlimmste, das sich Carmen Holland vorstellen kann, ist, ihren kleinen Schützling Dirk in ein Heim geben zu müssen. Trotzdem fährt sie mit ihm zum »Schlößchen«, weil sie dem Jungen neben ihrem Beruf als Sozialarbeiterin nicht auch noch Mutter sein kann. Was sie in diesem Heim erlebt, bringt sie zum Nachdenken ...

Marleen Ramaker
Briefe an Yvonne
Gedanken über Liebe, Sexualität und Ehe
Tb., 192 S., Nr. 56742, DM 8,80

Gespräche und eine intensive Korrespondenz mit vielen jungen Menschen über Liebe, Sexualität und Ehe machten der Autorin deutlich, daß es hier viele unbeantwortete Fragen gibt. In »Briefe an Yvonne« werden sie aus christlicher Sicht aufgearbeitet. Das Buch gliedert sich in die Bereiche »Verliebt«, »Verlobt«, »Verheiratet«.

Ortwin Schweitzer
Liebe hat ihre eigene Sprache
Tb., 96 S., Nr. 55014, DM 5,80

Fragen junger Leute, mit denen der Autor über den Themenkreis Partnerwahl und Freundschaft gesprochen hat. Man spürt seinen Antworten ab, daß sie lebensnah im Gespräch entwickelt worden sind. Obwohl kaum die Bibel zitiert wird, empfindet der junge Mensch doch, daß er die Leitlinien Gottes plötzlich verstehen kann.

Bitte fragen Sie in Ihrer Buchhandlung nach diesen Büchern!
Oder schreiben Sie an den Hänssler-Verlag, Postfach 12 20, D-7303 Neuhausen-Stuttgart

Margaret Johnson
18 – und keine Zeit zu verlieren
Tb., 136 S., Nr. 55 003, DM 7,80

Kathi – sprühend vor Leben und Energie. Ihre Lebhaftigkeit zieht an wie ein Magnet. Viele Freunde, Schule, Partys, trotzdem ein klares Zeugnis für Christus – bis auf einmal ein tragischer Autounfall ihrem Leben ein Ende setzt. Die Spuren der Erinnerung weisen auf ein ausgefülltes Leben, das im Glauben an Jesus Christus ein Fundament gefunden hat.

Philipp Hughes
Der Aussteiger
Tb., 240 S., Nr.74 504, DM 11,80

Ein Haus, zwei Autos, jedes Jahr Urlaub – Familie Stuart hat es zu etwas gebracht. Doch plötzlich bekommt die Fassade dieser Bilderbuchfamilie Risse. Konflikte brechen auf und führen zur Krise. So zieht z. B. Sohn Greg aus und vesucht es mit einer »Ehe auf Probe«. Hat die Familie noch eine Chance? Können sie die durch Liebe und Vergebung zu einem neuen Verständnis füreinander finden?

I. W. Weiberg
Palazzo Dorado
Pb., 140 S., Nr. 55 606, DM 13,80

Ein allegorischer Roman nach bester C.-S.-Lewis-Manier. Die Erlebnisse des Erzählers im von Dr. Newerkamp-Beck geleiteten Gefängnis für Lebenslängliche regen die Leser dazu an, über die Grundfragen von Leben und Tod, von Rettung und Verdammnis und die eigene Willensentscheidung in dieser Beziehung nachzudenken.

Bitte fragen Sie in Ihrer Buchhandlung nach diesen Büchern!
Oder schreiben Sie an den Hänssler-Verlag, Postfach 12 20,
D-7303 Neuhausen-Stuttgart